マーティン・ルーサー・キング

―非暴力の闘士

黒崎　真
Makoto Kurosaki

岩波新書
1711

はじめに　旅の始まり

「気をつけろ。その椅子には拳銃が置いてあるぞ」

居間の肘掛け椅子に座ろうとする同僚に、ベイヤード・ラスティンが声をかけた。護身用の小型拳銃である。そこにちょうどキングが姿を見せた。

「それは誰の銃だ？　銃と非暴力運動は両立すると思うかね？」

そう尋ねるラスティンに、キングはこう答えた。

「ええ、こちらが襲われないかぎり、使うわけではありませんからね」

一九五六年二月下旬、このような会話がアラバマ州モンゴメリーのキング宅で交わされた。キングの身辺はこの時期、非常に緊迫した状態が続いていた。ひと月ほど前、自宅のポーチが過激派の白人により爆破され、妻と子どもが危うく犠牲になるところであった。怒りを露わに現場に駆けつけた数百人の黒人のなかには銃を手にしている者もおり、白人警官との間であわや銃撃戦の寸前にまでなっていた。

バスボイコット運動の開始から三か月、キングは一貫して暴力に訴えてはいけないと説いてきた。「われわれは愛という武器で闘う」。こうしたキングの訴えは、暴力はさらなる暴力を生むという現実的判断に加え、彼の確固たるキリスト教信仰にもとづいている。しかし、この時点でのキングは、運動において非暴力であることと、護身用に銃を所持することとの間に、何ら矛盾を感じていなかった。とくに爆破事件が起きてからは、仲間の強い進言を受け、自宅に投光照明を取り付けて煌々と照らし、家族と自分には武装した護衛を常時つけていた。護衛は武装したままキングの自宅内にも入ってくる状態であった。

ラスティンが同僚と共にキング宅を訪ねたのは、そんなときである。ベイヤード・ラスティンは、キリスト教徒の絶対平和主義団体などで長年活動してきた経験をもつ、筋金入りのガンディー主義者である。彼は、バスボイコット運動を非暴力的に指導するキングの言動に注目していた。イエスの贖罪愛(アガペ)の信仰にもとづき、「不当に受ける苦難は人類を教育する力がある」と説くキングのなかに、「黒人ガンディー」になりうる資質と可能性を見て取ったのである。

モンゴメリーで緊張が高まるなか、一七歳年下の若き指導者を支援したいと考えたラスティンは現地を訪れ、大衆集会でのキングの演説を聴いたあと、キングの自宅で話す機会を得た。しかし、拳銃を所持し、武装した護衛をつけるキングを見て、ラスティンは当惑する。非暴力の哲学と戦術に関するキングの理解は、まったくもって不十分である。そう認識した彼は、その日から数日かけてキングとじっくり話し込む。

キングが非凡であるとすれば、ラスティンの話に対して真剣に向き合う準備が整っていたことであろう。

「あなたが知っていることを全部、私に教えてください」

キングは、ラスティンにそう頼んだ。そして、銃の存在自体が非暴力の哲学に矛盾すること、非暴力抵抗運動の成功にはガンディーのような非暴力を「生き方」とする指導者が必要なこと、非暴力による抵抗には固有の戦術的メカニズムがあることなどを、ラスティンから徹底的に教え込まれたのである。

よく知られた写真がある。ガンディーの肖像画を前に腕組みするキングを撮影したもので、現在、首都ワシントンに建つキング牧師記念碑のモデルにもなった写真である。キングは自宅の食卓の壁にも同じ肖像画を飾り、つねに自分のそば近くでガンディーの存在を感じられるようにしていた。

キングは生まれながらにして非暴力の人ではなかった。もしキングが非暴力の人であったとするならば、それは、彼が人生の途上で非暴力の意味と意義を深く学び、それを自分の生き方にまで高めるべく努力しつづけたからに他ならない。

ラスティンと語り合った数日は、キングが「非暴力の人」、さらには「非暴力の闘士」へと変わるきっかけとなった。そしてそれは、非暴力を自らの生き方とする、キングの旅の始まりでもあったのである。

マーティン・ルーサー・キング

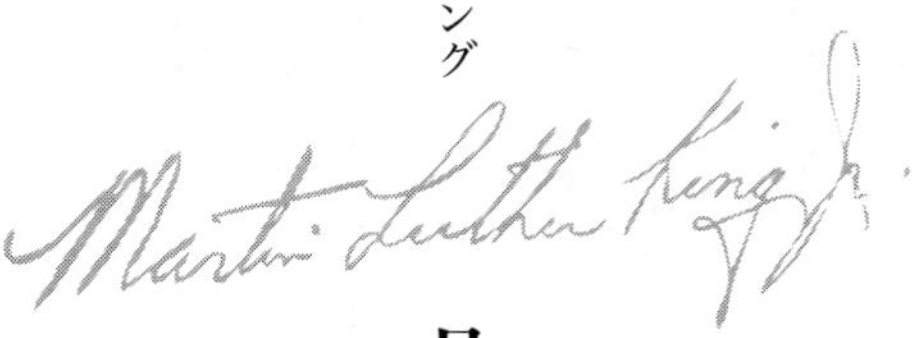

目次

地図製作 鳥元真生

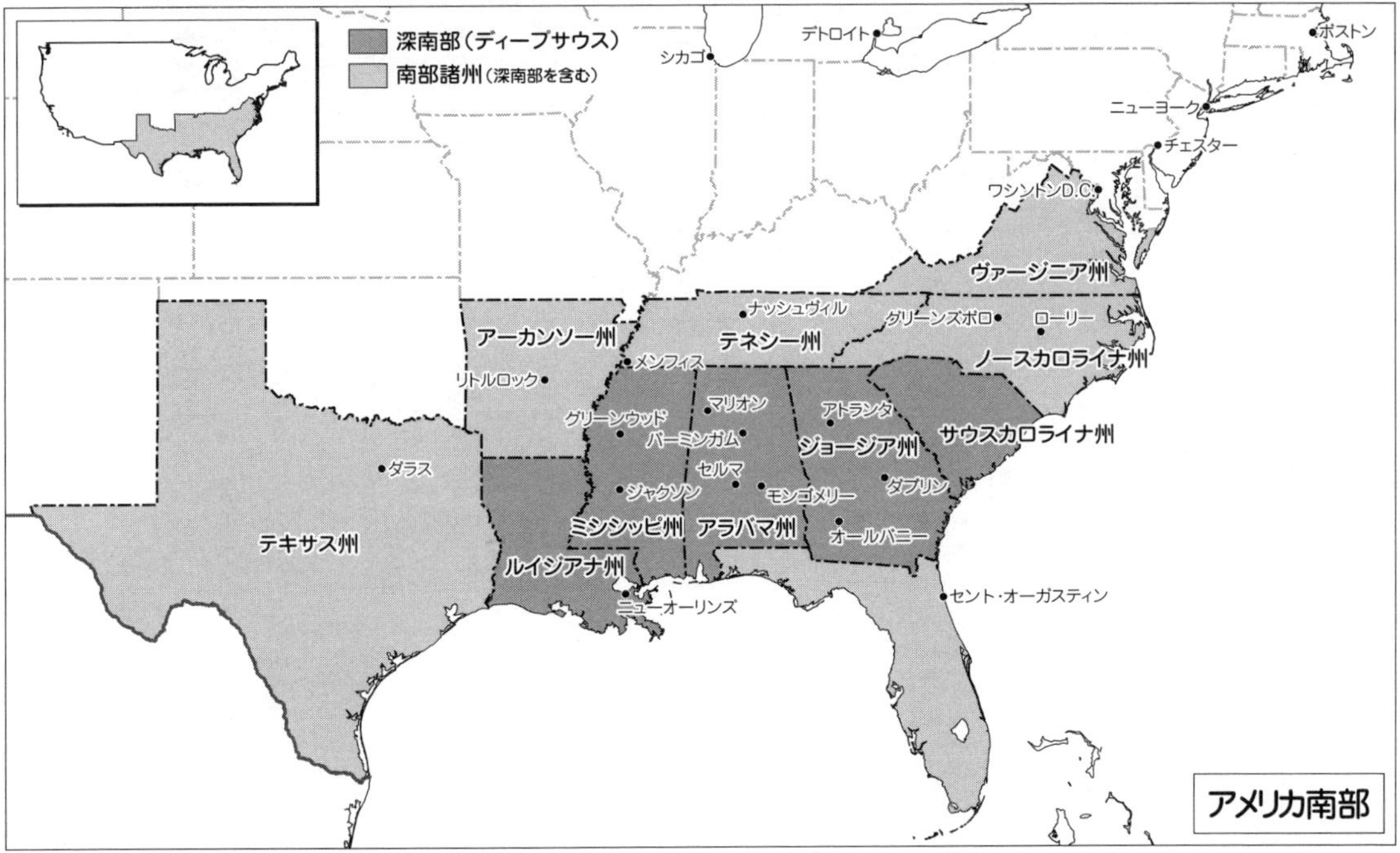
アメリカ南部
深南部（ディープサウス）
南部諸州（深南部を含む）
シカゴ
デトロイト
ボストン
ニューヨーク
チェスター
ワシントンD.C.
ヴァージニア州
ナッシュヴィル
グリーンズボロ
ローリー
アーカンソー州
テネシー州
ノースカロライナ州
メンフィス
リトルロック
マリオン
アトランタ
グリーンウッド
バーミンガム
ジョージア州
サウスカロライナ州
ダラス
セルマ
ダブリン
ジャクソン
モンゴメリー
ミシシッピ州
アラバマ州
オールバニー
テキサス州
ルイジアナ州
ニューオーリンズ
セント・オーガスティン

●本書に登場するおもな団体名

CORE（Congress of Racial Equality）　人種平等会議

DFD（Deacons for Defense and Justice）　防衛のための執事

FOR（Fellowship of Reconciliation）　友和会

MFDP（Mississippi Freedom Democratic Party）
　ミシシッピ・フリーダム民主党

MIA（Montgomery Improvement Association）
　モンゴメリー改良協会

NAACP（National Association for the Advancement of Colored People）
　全国黒人向上協会

NUL（National Urban League）　全国都市同盟

SCLC（Southern Christian Leadership Conference）
　南部キリスト教指導者会議

SNCC（Student Nonviolent Coordinating Committee）
　学生非暴力調整委員会

●用語について

•近年は「アフリカ系アメリカ人」が定着してきているが，本書では「白人／黒人」の人種関係の歴史に焦点を当てて記述するため，「黒人」を使用する．

•「公民権運動」は，アメリカ南部の黒人を中心とした法的平等を求める運動として捉えられる傾向にある．しかし，実際には北部の黒人も含め，黒人はより幅広く，教育，住宅，雇用，福祉などの社会権を求めて闘っていた．「黒人自由運動《ブラック・フリーダム・ムーヴメント》」は，こうした黒人たちの自由を求める運動全体を指す表現として，公民権運動とブラック・パワー運動も含めて使う．

第1章
非暴力に出会う

キングが牧師として初めて赴任した，アラバマ州モンゴメリーのデクスター教会

第1節　牧師の家系に生まれて

アトランタ

マーティン・ルーサー・キング・ジュニアは、一九二九年一月一五日の正午頃、ジョージア州の州都アトランタの「スウィート・オーバーン」の名で知られる黒人コミュニティに生まれた。そこは、アトランタのダウンタウンの東に面する地区である。キングはこの土地で、人生最初の一九年間を過ごした。家庭環境、黒人教会、黒人コミュニティは、アメリカ南部の人種関係に強く影響されながら、彼の人格形成に決定的な影響を与えることになる。

一八四〇年代後半から鉄道の接続拠点、また綿花積出地として徐々に発展したアトランタは、南北戦争時に南部連合の軍事物資の要所だったことから、北軍の猛攻撃で廃墟と化した。つづく再建期(一八六五〜七七年)は、黒人には希望の時期だった。連邦議会が主導し、南部連合諸州を連邦に復帰させるための一連の措置がとられる。合衆国憲法の修正第一三条(一八六五年)で奴隷制が廃止され、修正第一四条(一八六八年)で黒人は市民権を保障され、修正第一五条(一八七〇年）では選挙権を保障された。連邦が設置した解放民局や北部から来た慈善団体は、教育、雇用、医療の面で解放黒人を支援し、アトランタにはダウンタウンの西側にアトランタ大学、モアハウス・カレッジ、スペルン・カレッジなど黒人用高等教育機関も設立される。農村地帯からは、雇用機会や教育機会を求め、解放黒人が移住してきた。

しかし、連邦の南部駐留軍が撤退し再建期が終わると、南部の政治は南部各州と市の政府に委ねられる。アトランタは南部の産業、商業、教育の中心都市として「ニュー・サウス」を掲げ、南北戦争の廃墟からの目覚ましい経済再生を記念し「不死鳥」を市の紋章としたが、白人優越主義も不死鳥のごとく再生する。一八九五年九月にアトランタで開かれた綿花博覧会において、黒人指導者ブッカー・T・ワシントンは、黒人は公民権の要求より経済的自立を優先すべきと説き、実質的に人種分離を是認する演説をせざるをえなかった。一八九六年、連邦最高裁が「分離すれども平等」（プレッシー判決）という南部びいきの判決を下すと、アトランタでも一連の人種分離法の制定が加速し、黒人に対する投票権の「合法的」剝奪も強化されていく。

一九世紀後半から一九二〇年代までは、人種関係の「どん底」と言われるが、アトランタでそれを決定づけたのは、一九〇六年の人種暴動である。白人群衆が黒人の商店と住民を襲う暴動は五日間続き、死者は白人一名と黒人二六名を数えた。暴動は、黒人男性が白人女性を襲ったという噂に端を発するものだったが、背景には黒人の人口増加に伴い、雇用を奪われると恐れる白人労働者の反発があった。暴動後、黒人の居住地と商業活動は、もっぱらダウンタウンを挟んで東側のオーバーン地区か西側地区へ制限され、学校、病院、交通機関、劇場、飲食店など公共施設の人種分離は一層厳格化していく。キングが生まれたとき、アトランタは白人二七万人、黒人九万人(市人口の三三%)を抱える南部の中心都市だったが、人種に基づき二重基準を適用する「分離し不平等」な社会であった。

黒人教会

キングは、三世代にわたる牧師の家系に生まれた。奴隷制を生きた曽祖父、南北戦争後を生きた祖父アダム・ウィリアムズ、そして父キング・シニアはいずれもバプテスト教会の牧師である。後にキングはオーバーンのエベネザー・バプテスト教会の共同牧師となるが、この教会は祖父アダムが作り、父キング・シニアが引き継いだ由緒ある教会であった。

南部の黒人教会は、そのルーツを奴隷制下の「見えざる教会」と呼ばれる秘密の礼拝集会にさかのぼる。白人の奴隷主は、従順な奴隷を作るために黒人奴隷に宗教教育を施し、聖書は奴隷制を肯定しており、魂の救済を得るには奴隷は主人に従う義務があると教え込んだ。しかし、黒人奴隷たちは、奴隷主に隠れて、自分たちだけの秘密の礼拝集会を行った。それは、森の奥や奴隷小屋で週に二、三回開かれた。読み書きを禁止されていた黒人奴隷は、断片的な聖書の情報に想像力を加え、奴隷主の「歪曲されたキリスト教」を再解釈した。キリスト教は全ての人間の平等を説いており、正義と愛の神は、被抑圧者である自分たち黒人の解放に関心を持っている、という信仰を発展させていく。

「見えざる教会」．黒人奴隷たちはひそかに集まり，礼拝を通じて互いの信仰を告白した

「見えざる教会」で指導的役割を担ったのが、奴隷説教者である。奴隷説教者は、いつ終わるとも知れない奴隷制の現実の只中にあって、神による解放の到来を説教の中でひたすら説き、奴隷会衆を励ましてきた。説教では旧約聖書の「出エジプト物語」(「出エジプト記」から「ヨシュア記」の総称)がよく引用された。エジプトで奴隷として使役されていたイスラエルの民が、預言者モーセに率いられてエジプトを脱出し、最後には「約束の地(Promised Land)」に到達する物語である。説教を聴き自分たちの苦難と未来を「出エジプト物語」に重ねることで、黒人奴隷はいずれ到来するはずの解放と自由を疑似体験し、過酷な奴隷制を生き抜く霊的活力としたのである。

南北戦争後、「見えざる教会」は「見える教会」、すなわち黒人教会へと変わる。解放黒人が自分たちの教会を持ちたいと考えたこと、白人が黒人を教会から排除したこと、黒人がお互いに助け合う扶助組織を必要としたことなどが、黒人教会の急増につながった。こうしてできた黒人教会は、物心両面にわたり実に多様な役割を果たす。礼拝と洗礼の場以外に、医療、介護、結婚、葬儀、日曜学校、さらには政治集会の場など、公共サービスや学習の場を提供したのである。

法的人種隔離制度が確立すると、黒人教会は何より抑圧的環境を生き抜く避難所として機能する。一方で、教会の諸活動役員を選出する機会を会衆に与えることで、社会意識や政治意識を高める場としても機能する。南部において、黒人教会は黒人の社会生活の全領域に密着した最も重要な社会組織であった。

都市では黒人自身が黒人教会を所有しており、黒人牧師は白人に解雇される心配がなかった。黒人大衆とは異なり、黒人牧師は概して白人社会に経済的に依存しない分、言論と行動に関して相対的に自由な立場にあった。その結果、黒人牧師は黒人社会の指導者として尊敬を集め、また霊的にも政治的にも指導力を期待された。黒人牧師と黒人教会が南部の黒人社会に占めるこのユニークな位置は、キングを卓越した指導者にする重要な土台となるのである。

家族と「第二の家」

家庭環境は、キングの人格形成に大きな影響を持った。それは何よりも、キングが心身ともに健康に成長し、肯定的な世界観を持つことを助けた。年子の姉クリスティンと弟アルフレッドとは、裏庭や通りでキャッチボールや自転車で遊んだ。聖書をつねに持ち歩く「聖人のような」祖母ジェニーは、就寝前によく家族の昔話や聖書の物語を面白く話してくれた。両親に仲たがいや口論はまずなかった。キングがドロップアウトすることもなく、順調に学校に通うことができたのは、良好な家庭環境によっていたといえる。キングは後にこう回想する。「私の家庭は非常に気心が通じ合っていた」。そして、自分が愛の神を容易に想像できるのは、「愛が常に中心にあり、愛情あふれる人間関係がいつも存在した家庭で育ったためである」と語っている。

キング一家．後列左から，母アルバータ・ウィリアムズ，父キング・シニア，祖母ジェニー・セレステ・パークス・ウィリアムズ．前列左から，弟アルフレッド，姉クリスティン，キング・ジュニア

言葉への強い関心は、キングの個性だった。五歳のとき、エベネザー教会で招待牧師の華麗で巧みな説教に魅せられた彼は、自分もいつかそういう言葉を使うんだと両親に言った。父キング・シニアによれば、キングは文字が読めるようになる前から、いつも本を自分の周りに置いていたという。

家庭環境と並び、エベネザー教会とオーバーンの黒人コミュニティも、キングが健全に成長するのを助けた。キングは後に、「オーバーンの人々は平均的収入の階層で、気取らない素朴さを特徴としていた。犯罪も少なく、住民の多くが深い信仰心を持っていた」と書いている。こうした住民との交わりの場が、エベネザー教会であった。モアハウス・カレッジに進学するまでのキングは、日曜日は一日中、エベネザー教会で過ごした。彼にとって教会は「第二の家」と呼ぶくらい居心地のよい場所だったからである。

エベネザー教会には説教する父キング・シニアの姿があり、聖歌隊を指揮しオルガン伴奏をする母アルバータの姿もあった。四歳で聖歌隊に加わったキングは、母の伴奏に合わせて皆と歌った。自覚は十分になかったが、姉と一緒に五歳で洗礼を受けた。教会には友達もたくさんいて、日曜学校で一緒に遊んだ。会衆と共に歌い、祈り、説教を聴くことを繰り返すうち、黒人コミュニティの痛みや喜びは、キング自身のものとなっていった。

エベネザー教会での父の指導力も、キングの人格形成に影響を与える。キング・シニアの説教の主要なテーマは「社会変革」、とりわけ人種差別への抗議だった。個人の魂の救済に加え、教会はコミュニティ生活のあらゆる側面に関わるべきとする根拠を、キング・シニアは新約聖書の「ルカによる福音書」四章一八〜一九節の聖句に求めた。すなわち、「主がわたしを遣わされたのは、(中略)圧迫されている人を自由にし、主の恵みの年を告げるためである」。

キングが一〇歳のとき、キング・シニアは人種差別的障壁があっても有権者登録を試みるよう会衆を指導し、市庁舎まで行進した。また、黒人教師に対する差別的給与体系を改めるため抗議行動を起こした。キング・シニアのこうした福音理解と社会実践は、次第にキングが模範とするところとなる。

差別と格差の経験

キングは、家庭、教会、黒人コミュニティを通して肯定的世界観を育む一方、南部社会の否定的経験と無縁ではいられなかった。一つは、人種差別である。キングは、父がダウンタウンの靴屋で白人店員に隔離席で待つよう指示されたり、停車信号で白人警官に「小僧(ボーイ)」と侮蔑的に呼ばれ免許証の提示を求められたりする現場に遭遇した。白人至上主義の秘密結社クー・クラックス・クラン(KKK)が行進するのも目撃したし、白人が黒人をリンチする現場を通り過ぎたこともある。

キング自身、人種差別を直接体験した。六歳のときが最初である。キングには同い歳の白人の遊び友達がいた。その友達の家は別地区にあったが、オーバーン街で食料雑貨を扱う父親の店によく遊びに行っていた。ところが、二人が人種別の小学校へ進むときになって、「君は黒人だから、うちの子ともう遊んではいけない」と告げられた。これが原因で、一度は「すべての白人を憎むことに決めた」と後に書くほど、キングが受けた心の傷は大きかった。

八歳のときには、ダウンタウンのある店で白人女性に不意に叩かれ、「よくも私の足を踏んだわね、このニガーが」と怒鳴られた。一四歳のとき、キングはジョージア州ダブリンで黒人慈善団体が主催する弁論大会に出場し、「黒人と憲法」と題する演説を行う。彼は、民主主義の理念と人種差別の現実との乖離は克服できるという希望を語った。しかし、その高揚感は帰途のバス内で挫折感に変わる。キングも引率教師も白人乗客に席を譲るよう白人運転手に命じられ、アトランタまでの一四四キロを通路に立たされて帰宅した。

もう一つは、格差である。というのも、経済的に不安定な友達や貧者の姿は、アトランタではごく身近に存在したからである。オーバーンは商業活動の中心だったが、そこで働く黒人の多くは労働者であり、エベネザー教会の大半の会衆も労働者階級の人々だった。大恐慌期には、これらの人たちの多くが失業し、食料無料配給の列に並んだ。キング自身は幸い飢える経験をしないで済んだが、この痛ましい光景は脳裏に焼き付いて離れなかった。

キングは、雇用差別と貧困白人(プアホワイト)の存在も直接知る。八歳で日刊紙『アトランタ・ジャーナル』紙の配達アルバイトを始めた彼は、五年働いた一三歳のとき、新聞販売店の副店長に抜擢される。しかし、店長にはなれなかった。黒人地区の販売店といえども店長は白人しか就けない、というのがその理由だった。一五歳の夏には、コネチカット州にある黒人も白人も雇うタバコ農園で葉摘み仕事をする。キングはそこで、貧困白人も黒人と同様に搾取の対象であることを知る。こうして、大学入学までに「人種的不平等と経済的不平等への関心は根強いものになっていた」と、キングは後に書いている。

牧師職を決意する

キングは小学校から高校にかけて数回飛び級し、一九四四年九月、一五歳でモアハウス・カレッジに入学する。級友によれば、キングはいたって「平凡な学生」で、勉強は不合格にならない程度に頑張り、ダンスやパーティに参加して「人生の軽い側面を楽しんでいた」という。歳下であったことも一因であろうが、モアハウスでのキングの成績は、平均して「B(良)」だった。

とはいえ、成績が全てを物語るわけではない。キングは社会学を主専攻としたが、社会学教授ウォルター・チバーズが扱う人種問題や人種主義の経済的動機は、キングの問題意識に合致

モアハウス・カレッジの卒業時に，姉クリスティンと

するものだった。また、キングはヘンリー・D・ソローの『市民的不服従』を読み、悪しき制度への協力を拒否せよという主張のなかに、人種差別に順応してはいけないという自己の価値観との類似性を見出し、大いに共感した。

モアハウス時代の最大の出来事は、牧師職の決意である。ただし、順調には進まなかった。父キング・シニアを尊敬しつつも、反抗心もあった。黒人教会の重要性は十分理解しつつも、果たして牧師職は魂を満足させると同時に、知的に尊敬できるものを自分と社会に提供するものであるのか疑問があった。そこで、しばらくの間、キングは弁護士の道か医者の道を考えていた。

しかし、学長ベンジャミン・メイズと宗教学教授ジョージ・ケルジーとの出会いによって、牧師職をめぐるキングの葛藤は解消する。二人とも、牧師であり博士号をもつ学者であった。神学や哲学など幅広い学問領域に精通した上で、福音を魂の救済と社会変革との相関関係の中で捉えるメイズとケルジーに、キングは牧師の理想像を見出すことができたのである。

四七年夏、四年生になるとき、キングは「社会に奉仕せよと促す内的衝動」を抑えきれなくなり、牧師職を決意したと両親に告げる。両親は心から喜んだ。キングは早速、秋にエベネザー教会で説教の試験に合格し、説教者の資格を得た。翌四八年二月には聖職按手礼《あんしゅ》を受け、エベネザー教会の副牧師に任命された。それと同時に、キングはペンシルヴァニア州チェスターにあるクローザー神学校への進学を希望する。父キング・シニアは、北部に行ったら息子は戻って来ないのではないかと不安を抱いたが、最終的には息子を支援した。

第2節　研鑽を積む

クローザー神学校

一九四八年九月、キングはクローザー神学校での学生生活を開始する。キングの学問的関心は、社会的福音神学と新正統主義、資本主義と共産主義、戦争と平和に関する評価などであった。社会的福音神学とは、一九世紀末の工業化と都市化によって生じた劣悪な労働条件や児童労働を前に、福音を社会の救済に関係づけようとする営みである。『キリスト教と社会の危機』の著者ウォルター・ラウシェンブッシュに代表される社会的福音神学は、教会が社会変革を担うにあたり、牧師はつねに、神の意志と社会の現状との間に横たわる溝を人々に喚起する、預言者的役割を負うと主張した。

また、社会的不平等は人間の無知に起因するとし、その解決を教育による理性と知識の獲得に求めた。その底流には、人間の善性と歴史の不断の進歩を強調し、神の働きに人間が建設的に応答することで、地上における「神の国」の実現は可能だとする楽観主義があった。

これに対し、一九三〇年代に影響力を持ち始めたのが、新正統主義である。『道徳的人間と非道徳的社会』の著者ラインホールド・ニーバーに代表される新正統主義は、社会変革への関心において社会的福音神学は正しいが、人間の善性が利己心で歪められる現実を直視していないと批判した。とくに、社会集団間の関係を規定するものが道徳ではなく経済力であるとすれば、特権を持つ社会集団が教育や道徳的説得によって自発的に特権を放棄することはない。したがって、被抑圧集団が社会正義を求めるならば強制的力、すなわち武力より非暴力を行使する必要があると主張した。

キングは双方の神学的立場に共鳴する。社会的福音神学は、祖父や父がすでに実践していた。また、新正統主義が強調する人間の罪性や暴力的な社会集団関係の規定は、人種差別のかたちで現実のものであった。キングは社会的福音神学の立場を保持しつつ、新正統主義を前者が持つ過度の楽観主義に対する「必要矯正概念」と捉え、対立する両者を総合する立場を取る。

さらにキングは、資本主義と共産主義の問題にも向き合い、両者を総合する理解が健全だとする。マルクスやレーニンに関する文献を調査した結果、キングは三点において、共産主義は本質的にキリスト教信仰とは相容れないとした。第一に神の場所を認めない唯物論的歴史解釈において、第二に「目的は手段を正当化する」という倫理的相対主義において、そして第三に個人の自由を軽視する政治的全体主義においてである。しかし、階級なき社会への関心においては正しいとした。なぜなら、福音は貧者の解放に関わる(「ルカによる福音書」四章一八〜一九節)というキリスト教信仰に一致するからである。

利潤追求を基礎とする資本主義は必然的に貧富の差を生み出す、それも不当に生み出す。マルクスの分析は、経済的不平等に関心を持ち続けるキングにとって、大胆な富の再配分の必要性を確信させた。キリスト教信仰に基づくマルクスに対する批判的な学びは、後年の「貧者の行進」活動へとつながっていくのである。

ガンディーの非暴力と出会う

ヒトラーの人種主義と第二次大戦の傷跡、そして米ソの冷戦を前に、キングは戦争と平和の問題にも向き合った。四九年一一月、キングはA・J・マストの課外授業に出る。マストは、キリスト教徒の絶対平和主義団体「友和会」(FOR)のアメリカ事務局長だった。このとき、キングはマストの絶対平和主義と非暴力を無抵抗と同義と捉えた上で、この立場は人間の罪性を軽視しており、戦争は悪の力の拡大を阻止する意味で消極的善として役立ちうると反論する。FORは、四二年にシカゴで公民権団体「人種平等会議」(CORE)を創設していた。ベイヤード・ラスティンやジェームズ・ファーマーといった黒人活動家と共に白人活動家が協力し、四七年には小規模ながら首都ワシントンからテネシー州にかけて、ガンディーの非暴力を適用した人種差別撤廃を断続的に試みていた。

キングとガンディーの非暴力との接点は、五〇年春、フィラデルフィアでモーデカイ・ジョンソンによるガンディーに関する講演を聴いたときに生まれる。ジョンソンは、首都ワシントンにある黒人名門大学ハワード大学の学長で、四九年にインドでガンディー主義者と対話し、帰国したばかりだった。講演に感動したキングは、すぐにガンディーに関する書物を半ダースほど買い求める。おそらく、キングはこの時点で非暴力は無抵抗を意味せず、勇敢な抵抗行為であると学んだ。しかし、非暴力があらゆる局面に適用可能とは考えなかった。翌五一年の第二学期に提出したエッセイ「戦争と平和」で、キングは戦争をなくす不断の努力を強調する一方で、「ガンディーがイギリス人を相手に成功したことは、ロシア人も同様に反応するという理由にならない」と書いている。

非暴力に対するキングの見方は、当時の黒人社会においてごく一般的なものだった。ガンディーのインド独立運動に対し、黒人知識人や黒人主要紙は一九二〇年代から関心を示してきた。

白人優越主義からの解放という点で、黒人の自由運動との結びつきを見出していたからである。しかし、非暴力に対する評価は分かれた。モアハウス・カレッジ学長メイズやハワード大学学長ジョンソン、さらにボストン大学のマーシュ・チャペル付属牧師で神学者のハワード・サーマンは、非暴力は国内の人種問題にも適用可能と考えたが、その教育に力を入れて実践に移ることはなかった。ＦＯＲやＣＯＲＥは、非暴力の適用を試みていたが少数派だった。黒人思想家Ｗ・Ｅ・Ｂ・デュボイスや黒人社会学者フランクリン・フレイジャーなどは、特に南部の人種問題に適用した場合、黒人の大量虐殺を誘発しかねず、非現実的と主張した。この見方が大勢を占めていたのである。

クローザー神学校での学びは、キングにアトランタでの人種問題や経済問題への関心に対する神学的基礎を提供し、その知的表現方法の枠組みを提供する。一年次に平均「Ｂ」評価だった成績は、三年次には全て「Ａ」になった。残る課題は、神の概念の一層の探求である。卒業生総代の栄誉と奨学金一二〇〇ドルの授与に輝いたキングは、五一年九月、マサチューセッツ州のボストン大学神学部大学院に進学する。

ボストン大学神学部大学院

キングがボストン大学神学部大学院を選んだ理由は、ここがエドガー・ブライトマンに代表される人格主義(パーソナリズム)の拠点だったからである。この神学的立場は、人格こそが神と人間を理解する鍵であるとする。人間の究極的本質は外見ではなく人格にある。そして、神と人間との交わりが可能であるとすれば、神も人格的存在でなければならない。人間の人格は有限であるが、神のそれは無限であり、愛、正義、善である。

キングが人格主義に共鳴した理由は二つある。一つは、人格が人間の本質であるとすれば、肌の色に基づく差別は究極的悪となるからである。もう一つは、神は被抑圧者である黒人の苦難を理解し応答する人格的存在であるという、黒人キリスト教信仰の伝統的な神の捉え方に合致するからである。神の人格が無限の愛、正義、善であるとすれば、社会になぜ悪が存在するのか。この問いに、キングはまず、神は自由意志を人間の人格に認めたと答える。では、時に罪なき者までがなぜ不当に苦しまねばならないのか。この問いに合理的説明は不可能であり、ここからは信仰への「大胆な飛躍」を必要とするとキングは答える。

キングによれば、その答えの鍵はキリスト教の原点であるイエスの十字架である。イエスは人類をその深い罪から贖うため、無辜《むこ》なる存在でありながら自ら十字架にかかり死を遂げた。イエスのこの愛は、恋愛や友情の際に生まれるセンチメンタルな愛ではなく、ギリシア語の「アガペ」、すなわち見返りを求めない善意、理解力を意味する愛である。この愛に基づく犠牲死こそが人々を改心させた。したがって、イエスの贖罪愛を信じる者もまた、不当に受ける苦難は人類を教育する力があると信じて行動しなければならない。

ここに至り、神の概念の探求から導き出されたキングの神学上の結論は、ガンディーを直接経由することなく、図らずも「理性ではなく、自ら負う苦痛こそが、反対者を改心させる」というガンディーの非暴力哲学の真髄と相通じることになったのである。

コレッタとの結婚

ボストン時代のいま一つ重要な出来事は、コレッタ・スコットとの結婚である。ボストン大学での生活が半年経った頃、キングはニュー・イングランド音楽院で学ぶ同郷の友人に、自分に合う女性はいないかと尋ねる。彼女は、同じ音楽院で学ぶコレッタを紹介すると言って、コレッタの電話番号を教えてくれた。

電話でキングと会話を楽しんだコレッタは、翌日、キングと昼食を共にする。キングを初めて見た瞬間、背が低く(一七〇センチほど)、ぱっとしない容姿だと感じるが、数分後にはキングの「雄弁と誠意と道徳的身長」にすっかり魅了される。キングも、早ばやと自分が妻に求める「性格、知性、人格、そして美」を全て備えていると言って、コレッタに正式に交際を申し込んだ。

結婚までには一年以上かかった。キングは早く結婚を望んだが、コレッタはキングに惹かれ

コレッタ・スコット・キング．伴侶としてキングを支えただけでなく，4人の子を育てながら公民権運動にも積極的に参加し，とくに平和運動にはキング以上に深く取り組んだ

つつも、結婚すれば舞台芸術の夢は困難になると考えた。キングのジェンダー観は、知性や能力において男女に差はないとみなす一方で、育児は女性が向いているという当時の男性には一般的なものであった。加えて、父キング・シニアは、アトランタのしかるべき家柄の女性との結婚を息子に望んでいた。

とはいえ、最終的に二人の気持ちは一つになり、キング・シニアも結婚を認める。実際、キングもコレッタも価値観を共有していた。キングは、自分の中産階級の出自は特権であり自分で勝ち得たものではないから、南部に戻って黒人教会を通じて大衆のために奉仕したいとよく話した。同じ思いがコレッタにもあった。彼女はアラバマ州マリオンの農村出身で、キングよりも一層抑圧的な環境で育ったからである。二人はまた、人種問題や経済問題、戦争への関心と見解でも一致していた。

キングは何を夢見ていたのか。その答えは、コレッタへのラブレターのなかに書かれている。「共に願い、働き、祈り続けよう。未来において戦争なき世界、よりよい富の再配分、人種や肌の色を乗り越える兄弟愛を生きて見られるように。これが世界に向かって僕が説教していく福音だ」。実に、キングが生涯を通じて取り組む問題群は、この時点ですでに出そろっていたのである。五三年六月、父キング・シニアの司式で、二人はコレッタの故郷で結婚式を挙げた。

二年間の課程を修了したキングは、学位資格適正試験に合格し、神の概念に関する博士論文の執筆に取りかかる。コレッタは、どこに住んでも教えられるよう、主専攻を舞台芸術から音楽教育に変更し、音楽の学位を取得した。そのかたわら、キングは就職先も探し始める。東部の二つの教会や三つの大学から招聘が寄せられたが、コレッタとも話し合った結果、アラバマ州モンゴメリーのデクスター・アヴェニュー・バプテスト教会の招聘に応じることに決めた。南部に戻る決断をした背景には、道徳的義務感に加え、南部で生じつつある人種関係改善の兆しを自分の目で確かめたいという希望があったからである。

変化の兆し

南部の人種関係改善の兆しは、大きくは第二次大戦と冷戦という歴史的文脈の中で生じていた。第二次大戦中、黒人活動家は戦争協力と引き換えに連邦政府から譲歩を引き出そうとする。「寝台車給仕組合」の委員長A・フィリップ・ランドルフは、一九四一年夏に一〇万人の黒人による「ワシントン行進」を計画し、連邦政府に圧力をかけた。ちなみに、このランドルフは後年、キングと共に一九六三年の歴史的なワシントン行進をも指導することになる。

ファシズムとヒトラーの人種主義の打倒を掲げるフランクリン・D・ローズヴェルト大統領は、国内の人種問題にも対応を迫られることになった。ローズヴェルトは、軍需産業における雇用差別を禁止する行政命令を出し、「公正雇用委員会」を設置する。戦後は、国際連合の設立と世界人権宣言、アジア・アフリカ諸国の独立の機運、そして自尊心を獲得した黒人帰還兵の存在が、黒人の平等意識を後押しし、四六年にはハリー・S・トルーマン大統領が人種差別を調査する「公民権委員会」を設置する。

連邦最高裁の動きがこれに加わった。四四年には、予備選挙における政党内の人種差別が違憲とされ、四六年には、州際輸送機関の乗客に対する人種差別が無効とされた。そして、五四年五月一七日、連邦最高裁は公立学校の人種分離教育に対して「分離は本質的に不平等」と違憲判決を下す。いわゆる「ブラウン判決」である。この判決は、一八九六年の「分離すれども平等」(プレッシー判決)の原則を覆し、南部白人から法的人種隔離制度を正当化するための司法上の根拠を奪い去った。その点で、画期的な判決となる。

しかし、五〇年代に入ると、ブラウン判決を除いて、人種関係改善の動きはむしろ停滞する。ソ連は、米国内の人種問題をとらえてアメリカ民主主義の偽善性を世界に訴え、アジアやアフリカ諸国を共産主義陣営に取り込もうとしていた。ソ連への対抗上、連邦政府は国内の人種問題に神経をとがらせ始めるが、白人の間ではむしろ、共産主義の浸透に対する極度の恐れから、「変化」よりも「画一化」を求める圧力が生まれていた。体制批判者は、その言い分が何であれ、共産主義者か共産主義の同調者と疑われた。南部では、法的人種隔離制度に異を唱える者はすべて共産主義者とみなされ、弾圧の対象となった。

南部社会は「変化」と「反動」のエネルギーが入り混じりながらも、いまだ表面的には平穏であったが、その底では、煮えたぎるマグマが今にも噴出する直前の状態にあった。キングはこのような時代環境の中で、アラバマ州モンゴメリーの教会牧師として第一歩を踏み出そうとしていたのである。

第3節　牧師として生きる

黒人のキリスト教信仰

キングの生と実践を根底で支えていたものは、黒人のキリスト教信仰の伝統である。それは、どんなに強調してもしすぎることはない。ここでは先を急がず、歴史をたどりながら、キングがその伝統をどのように受け継いでいたかを確認しておこう。

黒人奴隷は、旧約聖書の「出エジプト物語」や新約聖書のいくつかの言葉を通じて、神は自分たちに二つのことを約束していると考えた。ひとつは、神はこの世の不正を積極的に正すということである。もうひとつは、神は被抑圧者の側に立つということである。彼ら彼女らは、神が自分たちの解放に関与し、いずれ奴隷制を根絶するものと信じていた。問題は、その解放は「いつ」、そして「どのように」もたらされるのかであった。

この問題を前にしたときの黒人奴隷の態度には、主として二つのものがあった。第一は、神の介入を待つという態度である。第二は、神の意志(福音)を積極的に伝えるため、公然たる行動に出るという態度である。奴隷主の圧倒的権力を前に、奴隷たちの多くは第一の態度をとった。奴隷主の前では従順を装いつつ、同胞と共に信仰を保持することで、その時が来るのを待ったのである。一方、第二の態度をとる奴隷たちは、しばしば反乱というかたちの行動に出た。ガブリエル・プロッサーの反乱(一八〇〇年)、デンマーク・ヴィージーの反乱(一八二二年)、ナット・ターナーの反乱(一八三一年)など、一八〇〇年代から三〇年代にかけて、南部を震撼させた奴隷反乱がいくつか起こっている。これらはいずれも、奴隷解放のために武装蜂起することは神の意志である、と信じる黒人説教者によって計画、指導された反乱である。

逃亡も公然たる行動のひとつであった。逃亡に成功した黒人奴隷たちは、逃亡することは神の意志であり、神が自分を守ってくれたのだ、と確信に満ちた証言をしている。南部の奴隷の逃亡を手伝ったのが、北部の自由黒人である。奴隷制時代を通じて、北部には黒人全体からすればごく少数であったが、自由身分の黒人がいた。彼ら彼女らは白人の奴隷制廃止論者の協力を得ながら、「地下鉄道(アンダーグラウンド・レイルロード)」と呼ばれる逃亡組織を密かに構築して、南部の奴隷の逃亡を助けた。「女モーセ」と呼ばれたハリエット・タブマンは、北部への逃亡に成功後、南部に一九回潜入し、その首に高額の賞金をかけられながらも、三〇〇人を超える奴隷の逃亡を手伝っている。

南北戦争と奴隷制の廃止は、「神は被抑圧者を解放する」という黒人のキリスト教信仰が成就された出来事であった。しかし、冒頭でも述べたように、南北戦争後の再建期が終わると、南部社会では白人の優位が復活し、黒人は「どん底」と呼ばれる境遇に置かれることとなった。

ハリエット・タブマン.「女モーセ」と呼ばれ, 数多くの黒人奴隷の逃亡を助けた

南部白人はおもに二つの方法により、その優位性を確保していった。ひとつは、KKKなど白人至上主義団体をはじめとする集団的な暴力による威嚇である。もうひとつは、法的人種隔離制度(ジム・クロウ)の確立である。南部白人は、一八九六年の連邦最高裁判決(分離すれども平等)を逆手にとってこれを確立した。黒

人の投票権は「合法的」に剝奪され、学校、交通機関、劇場、レストランなど、あらゆる公共施設で、黒人は法に基づいて人種的に隔離されたのである。

再建の挫折と法的人種隔離制度の確立は、黒人の中に信仰の危機をもたらした。神は被抑圧者を解放するというならば、自分たちの苦難はなぜかくも長く続くのか。しかし、このような信仰の危機にもかかわらず、黒人の神への信頼は、つねに神への疑問にまさった。このときもまた、南部黒人の多くは、神の介入を待つという第一の態度をとったのである。彼ら彼女らにとって重要なのは何よりも、法的人種隔離制度という過酷な環境を生き抜くことであった。

しかし一方で、このときもまた第二の態度をとり、公然たる行動に出る者がいた。こうした一部の黒人や黒人牧師は、公民権団体「全国黒人向上協会」(NAACP)を支援した。一九〇九年に白人リベラルの協力を得て創設されたNAACPは、人種差別やリンチに反対する活動や黒人の有権者登録を増やす活動を展開した。社会変革を志向する黒人牧師は、法廷闘争という戦術によって黒人の地位向上を目指すNAACPを背後で支えた。南部では大きな危険を伴う活動だが、彼らはNAACPの会合場所として黒人教会を提供し、なかには支部の役員となる者もいた。そうした社会的福音を説く黒人牧師の一人が、キングの父、すなわちキング・シニアであった。

黒人のキリスト教信仰の歴史的展開を俯瞰すると、神の前におけるすべての人間の平等、被抑圧者の解放に関与する、正義と愛の神への揺るぎない信仰が受け継がれてきたことがわかる。そのうえで、神が「いつ」「どのように」働くかについては、多様な見解と行動があった。あえて全体的な特徴を述べれば、一九世紀末から二〇世紀前半までは、概して神の介入を「待つ」態度が支配的だった。それが、一九五〇〜六〇年代に入ると、「今こそ」という態度が顕著になってくるのである。われわれはもはや待てない。今こそ社会に変化をもたらすときであり、神の意志を直接行動によって示すときである。そう考える黒人と黒人牧師が多くなってきていた。キングの生と実践を根底で支えていたものは、このように受け継がれてきた黒人のキリスト教信仰だったのである。

説教スタイルの伝統

キングを支えた黒人のキリスト教信仰のなかで、もう一つ確認しておきたいのは、黒人説教の伝統である。これこそ、なぜキングが黒人大衆に勇気を与え、彼ら彼女らを行動へと奮い立たせることができたかを知る鍵である。

黒人教会における礼拝は、説教により会衆を高揚させ、説教者と聴衆との間に霊的なつながりを生み出して一体感や連帯意識を高めることに力点が置かれる。そのスタイル的な特徴は、とくに西アフリカの儀礼における口頭伝承、祈り、音楽形式の流れを受け継いでいるとされる。

黒人はアフリカから奴隷として連れてこられたとき、意思疎通の道具でもあった「トーキング・ドラム」などドラム(太鼓)の使用を禁じられた。そのため、礼拝における歌や祈り、そして説教では、代わりに手拍子やチャント(唱和)によって、ドラムと同様のドライブ感(疾走感や躍動感)や一体感を生み出した。歌や祈りや説教には、呼びかけと応答(コール・アンド・レスポンス)、複雑に絡み合うリズム、シンコペーション、音から音へのスライド、同じ言葉の繰返し(レペティション)などを伴う表現方法が駆使される。

黒人牧師の説教は、西アフリカのグリオという高位職業者の口頭伝承スタイルを受け継いでいるともいわれる。グリオは語り部であり音楽家でもあったが、優れた記憶力によって村や家族の歴史を記憶し、詩的で巧みな弁舌と楽器の使用によって、それを代々語り継いだ。黒人牧師の説教もまた、聖書に関する豊かな知識を日々の問題に関連させ、卓越した語りの技術によって、その問題を乗り越える指針を会衆に提示する。

奴隷制とそれに続く法的人種隔離制度の下で、会衆が最も聴きたい説教とは何であったか。それは、神は確実に自分たちの自由の問題に関与していること、そして最後には自分たちは確実に自由になれると説く説教である。そのような説教をするために、説教者は、自己を神による解放の成就という未来の地点に置き、その地点から現在を眺め、会衆に語りかけようと努める。キングの説教でもしばしば聴かれるが、自分は神の許しを得て山頂(Mountaintop)に立ち、

「約束の地(Promised Land)」を見た、と語る説教はその典型例といえる。そうして神による自由と解放の到来がどのようなものかを会衆に疑似体験させるのである。

説教を通して会衆は、神による解放の未来が一瞬到来した感覚に捉えられる。この「神の臨在」の体験こそ、過酷な環境を生き抜き闘う霊的活力を黒人たちに与えてきたものである。ここで重要なのは、会衆は語られる内容だけでなく、説教者の語り口——リズムや反復、口調や動き——の中に、「神の臨在」を確認するということである。説教者の語りに対し、会衆は「そうです!(Yes!)」「繰り返して!(Repeat that!)」「アーメン!(Amen!)」などと語り返す。それは、会衆が説教のなかで「神の臨在」を確認していることを説教者に知らせる方法なのである。

こうした黒人のキリスト教信仰の伝統をさまざま受け継ぎながら、キングはデクスター教会での第一歩を踏み出すことになる。

デクスター教会

アラバマ州の州都モンゴメリーは当時、白人七万人、黒人五万人の都市であった。黒人用の高等教育機関としてアラバマ州立大学を擁し、教師や医者や弁護士などの中・上流階級が一定数いた。しかし、黒人女性は六割が家政婦、黒人男性は五割が非熟練職か家内労働に従事していた。人種間の対話を促す団体として「アラバマ州人種関係会議」の支部はあったが、同市の人種隔離体制は、かつて南部連合の最初の首都になった「栄誉」を誇るがごとく厳格だった。

五四年九月、キングはデクスター教会に着任した。それからの一年間は、忙しくも充実した時期となる。キングは毎朝五時半に起きて博士論文を書き、その後八時から教会の仕事をし、夜にはさらに三時間、論文の執筆に励んだ。毎週の説教準備には一五時間を費やした。この一年、デクスター教会では四六回、他の教会に呼ばれて二〇回の説教をこなしている。会衆は、独特のバリトン声で語りかける、知性と感情の融合したキングの説教に魅了された。

後にキングは、多忙なスケジュールのため説教を即興で行うことが多くなるが、このときはまだ、練りに練った準備原稿を用意していた。キングの説教スタイルもまた、黒人教会における礼拝の伝統を踏襲している。キングの場合、最初は準備原稿をゆっくりと読むところから始まり、徐々に原稿を離れ即興的となり、口調も速くなり、かつ感情的になっていく点に特徴がある。キングが繰り返し取り上げたテーマは、人種差別、貧困、戦争の克服である。力強く社会的福音を説く姿勢には、父キング・シニアによる影響がうかがわれる。しかし、抽象論に陥ることなく、人々の日々の経験や生活に即して語るよう努めた。

キングは説教以外の場でも社会的福音を実践する。デクスター教会は、会員三六五名の小さな教会だったが、アラバマ州立大学関係者や医者や弁護士などが集まる「大物教会」だった。その階級主義的傾向をなくすため、キングは教会内に病人や貧者に奉仕する社会事業委員会を設置し、他にも教会内に有権者登録を促進するための社会・政治活動委員会を設置する。
キングはまた、第一バプテスト教会の牧師ラルフ・アバナシーと親交を深め、ともにNAACPのモンゴメリー支部に所属した。アバナシーは、このモンゴメリーから始まって、一九六八年にキングが暗殺されるまで、つねにキングのそばにあって彼を補佐する、生涯無二の同志と言ってよい重要な存在となる。

会衆たちの協力的なサポートにより教会活動が軌道に乗るなか、五五年五月、キングは博士号を無事取得した。同年一一月には第一子ヨランダ・ディナイズ(ヨキ)が生まれる。公私ともに達成感と幸福感に包まれ、充実した時を過ごしていたキングは、このとき、自分が公民権運動の嵐に巻き込まれる転換点に立ちつつあることなど、想像もしていなかった。

ラルフ・アバナシーとキング．アバナシーはキングの生涯無二の同志といえる重要な存在である

第2章
非暴力を学ぶ

バスボイコット運動の指導者として．モンゴメリー，1955年

第1節　バスボイコット運動

ローザ・パークスの逮捕

発端は、四二歳の裁縫師ローザ・パークスの逮捕である。五五年一二月一日の夕方、パークスは職場から帰宅途中のバス内で、白人乗客に席を譲るよう運転手に命じられた。彼女は従わなかったため、運転手の通報で逮捕される。パークスは警官に「なぜ私たちを小突きまわすのですか」と尋ねた。注意すべきは、彼女がここで「私たち」と言ったことである。パークスの言葉は、市内の黒人全体が共有する屈辱的経験であることを示すものであった。

アラバマ州法とモンゴメリー市条例と慣例が、バス内の人種分離を規定していた。前方四列は白人専用席で、後方四列は慣行で黒人用とされる。黒人は、前のドアから乗って運賃を払い、一旦降車し後ろのドアに回って再度乗車させられた。白人専用席が満席になった後に白人が乗車してきたら、黒人は列ごと席を譲らなければならない。バス運転手は全員白人で、黒人乗客への応対は、一部の例外を除き悪質だった。黒人地区のバス停のいくつかを無視するバスもあった。車内では「ニガー」という言葉が飛び交った。

バス内の人種差別慣行に対する改善要求は、以前から出ていた。黒人女性団体「女性政治会議」の議長ジョー・アン・ロビンソンは、半年前に市長に手紙を送り、乗客の七割が黒人である事実に言及した上で、改善されなければバスボイコットもありうると書いていた。パークス逮捕を受けて最初にバスボイコットを計画したのがロビンソンである。他に、NAACPモンゴメリー支部長を務め、寝台車給仕組合会員のE・D・ニクソンも、バス内の人種差別慣行をめぐる訴訟を起こすため、テストケースになれる人物を探していた。

慣行破りを実行する者は他にもいたが、家庭事情を考慮しテストケースの候補者から外された。パークスに白羽の矢が立ったのは、彼女がニクソンの下でNAACP支部の秘書をし、道徳面も非の打ちどころがなく、適格者と判断されたからである。

ロビンソンは、仲間と一日だけのバスボイコットを呼びかけるチラシを数千部印刷し、市内の黒人に配布した。一方、ニクソンは黒人牧師に電話をかけ、集会と抗議行動への参加を呼びかけた。電話を受けたキングは即座に賛同する。その後、黒人牧師を中心とする会合で、ロビンソンのチラシは一部修正され、バスボイコット当日の夜にホールト・ストリート・バプテスト教会で大衆集会を開く点が書き加えられた。そのチラシ数千部が市内の黒人に配られ、各黒人教会の日曜礼拝でバスボイコットへの協力と大衆集会への参加が呼びかけられた。

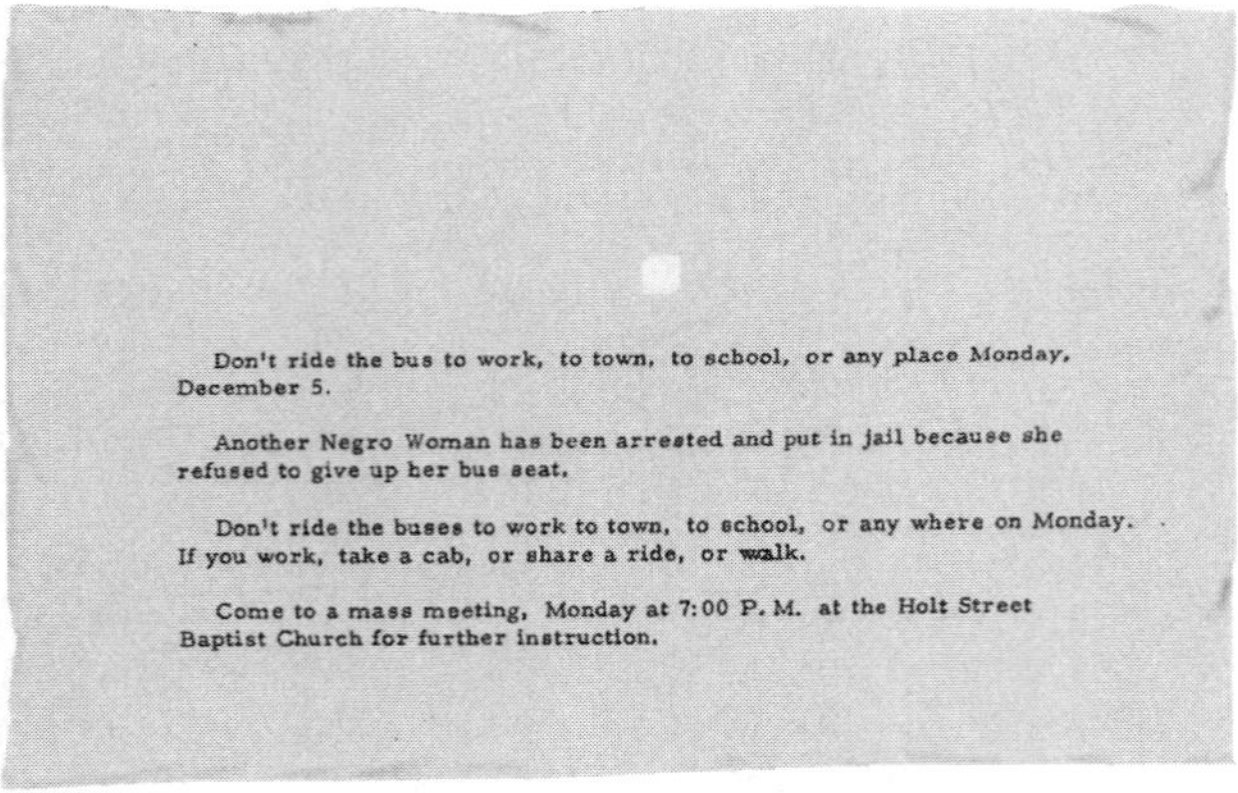

Don't ride the bus to work, to town, to school, or any place Monday, December 5.

Another Negro Woman has been arrested and put in jail because she refused to give up her bus seat.

Don't ride the buses to work to town, to school, or any where on Monday. If you work, take a cab, or share a ride, or walk.

Come to a mass meeting, Monday at 7:00 P. M. at the Holt Street Baptist Church for further instruction.

ボイコット当日の夜，ホールト・ストリート教会で開かれる大衆集会への参加を呼びかけるチラシの原稿

実行日の一二月五日月曜日、バスは一日中、まさに「空っぽ」だった。バスボイコットは一〇〇パーセントの成功を収める。それは、市内の黒人全体からの「もううんざり」の意思表示だった。この日午後の会合で「モンゴメリー改良協会」(MIA)が発足し、推薦によりキングが会長に選出される。そこには、新参牧師のキングは白人指導者との癒着関係がなく、黒人団体の党派とも無縁であるという周囲の判断が働いていた。また、この時点ですでに、キングは公民権活動に積極的だとみなされていたからでもある。

事態はめまぐるしく進展していた。キングは、「その後の展開を知っていたなら、自分は会長を辞退していただろう」と後に書いている。この日から、じつに三八二日間にわたる長い闘い

が始まるのである。

ホールト・ストリート教会の演説

キングはともかくホールト・ストリート教会に急いだ。バスボイコット継続の可否は、夜の大衆集会での参加者の決断に委ねることになっている。しかし、答えは明白だった。教会の五ブロック以内は交通渋滞になり、数千人の人々が教会から溢れ、通りを埋め尽くしていた。期待、達成感、興奮、怒り、恨みが入り交じる黒人大衆のこの底知れぬエネルギーを、建設的な行動に導くにはどうすればよいか。会場に到着し、説教壇に立ったキングは、パークスの逮捕に触れ、私たちは我慢の限界に来たと語り始めた。そしてまず、私たちはキリスト教徒であり、イエスの教えを信じる者として、ＫＫＫのような「暴力を主張しているわけではない」と強調する。その上で、アメリカ市民の権利、すなわち「抗議という武器」を使おうと語り、さらにこう続ける。

もし私たちが間違っているなら、この国の最高裁判所が間違っていることになります。（なるほど *Well*）［拍手］　もし私たちが間違っているなら、合衆国憲法が間違っていることになります。（そうです *Yes sir*）［拍手］　もし私たちが間違っているなら、全能の神が間違って

1955年12月5日夜，ホールト・ストリート教会での大衆集会

いることになります。（その通りYes）［拍手］　もし私たちが間違っているなら、ナザレのイエスは単なる夢想家で、この地上には来られなかったことになります。（そうですYes）［拍手］　もし私たちが間違っているなら、正義は偽りだということになります。（そうですYes）愛は意味なしということになります。［拍手］　それゆえ、私たちはここモンゴメリーにおいて、「正義を洪水のように、恵の業《わざ》を大河のように尽きることなく流れさせ」（旧約聖書アモス書五章二四節）るまで闘い続けることを決意したのです。（話し続けて*Keep talking*）［拍手］
（傍線は「リズムと反復」、カッコ内は「呼びかけと応答」を示す）

続いて、キングは愛のかたわらには、つねに正義がある点を想起させ、正義の実現のためには「説得」だけでなく「強制」という手段も用いる必要があると語る。最後にキングは「団

結」の必要性を強調し、未来の歴史家はモンゴメリーの黒人が「歴史と文明という血管に、新しい意味を注入した」と書くことになるだろうと述べて、演説を終えた。

演説の間、万雷の喝采は終始鳴り止まない。キングは、バスボイコット運動の基調を決めることになる最初の決定的に重要な演説で、大衆を自尊心で満たし、キリスト教の正義と愛を総合させ、戦闘的でありながら、なおかつ自制的な行動へと導くことに成功したのである。大衆集会の最後に、満場一致で、改善要求が通るまでバスには乗車しないと決議された。

攻防

改善要求は三点である。(一)バス運転手の礼儀正しい応対を保証すること。(二)乗客は先着順——黒人は後方から前方へ、白人は前方から後方へ——に座れること。(三)黒人が圧倒的に多い路線で黒人運転手を採用すること。これらは人種隔離内での改善要求であり、あくまで控えめなものだった。先着順方式は南部の複数の都市ですでに実施されていたから、キングは数日のうちに事は解決すると見ていた。ところが、交渉会議で、市当局とバス会社は改善要求をはねのける。運動は長期戦を覚悟しなければならなくなった。

黒人の多くは自宅と職場の間を歩くことをいとわなかった。しかし、喫緊の課題はバスに代わる交通手段の確保である。最初の数日間は、黒人タクシー会社がバス運賃と同額で車を出してくれたが、市当局がこれを違法とする。そこで、キングは友人の黒人牧師の助言を得て、カープール・システム（車の相乗り）を作り上げる。各黒人教会付近に乗降場を設け、自家用車を所有する者が送迎を行うのである。一二月半ばまでにカープール・システムは軌道に乗り始め、その運営資金は毎週二回行われる大衆集会での寄付によりまかなわれた。

しかし、年が明けても交渉は進展しない。市当局は嘘の情報を流し、バスボイコットを止めさせる分断作戦に出る。たとえば、MIA幹部は金銭目的で活動をしている、年配指導者に任せれば問題は解決する、市当局の「改善案」に有力黒人牧師三名が合意した、などの偽情報である。MIAも迅速に対応し、結束をかためた。分断作戦が失敗すると、市当局は「強硬策」に転じる。市長を含む市当局者は、白人至上主義団体の「白人市民会議」に加入し、白人雇用主に黒人を解雇するよう要請したのである。カープールの運転手には、保険や免許を停止するとか、待機中の車両を見つけたら浮浪罪を適用するなどと脅しをかけた。

バスをボイコットし，カープールを利用する人

コーヒーカップの上の祈り

ＭＩＡ会長を務めるキングは、一段と激しい脅迫にさらされる。キングの自宅には一日四〇回の脅迫電話がかかるようになり、それが毎日続いた。五六年一月二七日、その夜も脅迫電話のベルが鳴った。「三日以内に町を出ていかなければ、お前の頭をぶちぬき、お前の家を吹っ飛ばす」。これまで平静を保ってきたキングだが、この夜はなぜか底知れぬ恐怖心を覚えた。妻と生後間もない娘の命が奪われるかもしれない。運動から逃げ出す方法はないのか。だが、それは許されない……。

キングはキッチンに行き、コーヒーを入れ、テーブルにつき、椅子に腰かける。そして両手で頭を抱え込むと、神に恐怖を告白し、声をあげて祈り続ける。「もう一人で立ち向かうことはできません」。だが、次の瞬間、キングは以後の自分の生涯を根底で支える宗教体験をする。

するとそのとき、私は内なる声の静かな励ましの響きを聞き取ったように思った。「マーティン・ルーサーよ、大義のために立て。正義のために立て。真理のために立て。見よ、私はお前と共にいる。世の終わりまで共にいる」。（中略）私は闘い抜けと呼びかけているイエスの御声をも聞いた。彼は私を決して一人にはしないと約束してくださった。そしてその瞬間、私はそれまで一度も経験したことのない神のご臨在を経験した。と同時に私の恐怖心が消えた。私の不安感が消えた。何事にも立ち向かっていける心になっていた。

一月三〇日の夜には、キングが大衆集会に参加中、彼の自宅のポーチ付近が爆破された。コレッタとヨキが在宅中だったが、幸い無事だった。しかし、数百人の黒人が武器を持って集まり、駆けつけた市当局員と警官に怒りをぶつけ、暴動寸前となる。事態を収拾できるのは、被害者であるキングしかいない。家族の無事を確認したキングは、イエスの教えに再度言及し、報復への衝動を抑えるよう群衆を説得し、帰宅させる。三日前の宗教体験が、ひとまず冷静に対応する力をキングに与えたのである。

ラスティンとスマイリー

とはいえ、キングの中で暴力と非暴力の問題が解決されていたわけではなかった。自宅を爆破されて以降、キングと家族と自宅にはそれぞれ常時護衛が付いたが、護衛はショットガンや拳銃で武装していた。この時点でのキングは、運動において非暴力でいることと、護身用に銃を所持することとの間に何ら矛盾を感じていなかったのである。しかし、キングのこの姿勢は、二月下旬から三月上旬にかけて二人の人物と出会うことで決定的に変更される。FORやCOREの黒人活動家ベイヤード・ラスティンと白人活動家グレン・スマイリーである。

ラスティンとスマイリーはガンディー主義の熟達者であった。何か支援できることはないかと考えモンゴメリーにやってきたラスティンとスマイリーは、キングの中に「黒人ガンディー」になりうる資質と可能性を見出す。自分たちも成しえなかった大衆的非暴力運動を、ガンディーの戦術を知らないキングが、すでに三か月も実践していたからである。しかし、二人はまた、キングが武装した護衛をつけ、自宅に拳銃を所持していることに驚き、非暴力に対するキングの理解と認識を不十分とみなした。ラスティンはキングと何時間も話し合い、特に次のように力説する。

「ガンディーに従ったインドの民衆の多くは、非暴力を「戦術」として受け入れた。だから、モンゴメリーの黒人の大半も、非暴力を「戦術」としてのみ受け入れると理解しておくのがよい。たとえそれでも、インドが独立を勝ち取ったように、運動は成功しうるのである。ただし、指導者は非暴力を「生き方」としなければならない。もし自宅を爆破された指導者が銃で撃ち返すようなら、大衆は非暴力で行動する根拠を即座に失ってしまう。インドの人々が少なくとも「戦術」として非暴力を受け入れることができたのは、

ベイヤード・ラスティン

グレン・スマイリー

キングが非暴力を実践するきっかけを与えた二人

「生き方」として非暴力に徹するガンディーがいたからに他ならない。

「ガンディーから随分影響を受けているようだね」。スマイリーの質問に、キングはこう答える。ガンディーについて一定の知識はあり、大いに尊敬もしているが、正直言ってよく知らない、と。そこでスマイリーは、非暴力に関する本数冊をキングに渡し、とくにリチャード・グレッグが書いた『非暴力の力』(一九三四年)という本を熟読するよう勧めた。

『非暴力の力』

インドに四年間滞在し、ガンディーから直接学んだグレッグが書いた『非暴力の力』は、ガンディーの非暴力を西洋人にも理解可能なかたちで説明する本であった。その特徴は、暴力と非暴力の比較を通して、両者の共通点を指摘すると同時に、非暴力には固有のメカニズムがあり、被抑圧集団がとり得る方法として、暴力よりもはるかに効果があると論じるところにある。

非暴力は暴力を伴わない「戦争」であり、武力行使の場合と同様、勇気、忠誠、規律などの資質に依存し、訓練と戦略を必要とする。また犠牲者も出る。しかし、非暴力には固有のメカニズムがある。グレッグはそれを一種の「道徳的柔術」と比喩的に表現する。それは柔術のように敵側の物理的暴力の力を利用する。まず第一に、非暴力の抗議者は自らが苦しむことで自己の道徳的正しさを証明してみせる。そのうえで、非暴力の抗議者が受ける苦しみを見過ごしにできない第三者の人間心理に働きかけていく。

敵も一枚岩ではなく、その権力基盤は多様な利益集団の集合体から成る。よって、重要なのは、その集合体をいかに切り崩すかである。非暴力の抗議者を敵が暴力で攻撃すると、敵の道徳的正当性は失われ、それを契機に内部分裂を起こす可能性が高まる。また、道徳的正当性を失った敵の暴力は逆効果を生み、抗議者を一層増やし結束させる。さらに、メディアが活用されると、世界の世論までも含めた第三者を味方につけることが可能になる。メディアの前では敵も無制限の暴力を慎む傾向が生まれる。こうした「柔術的メカニズム」が結果的に「自衛」へとつながる。非暴力は「自衛」を放棄しているのではなく、それを別の次元で捉え実現する方法なのである。

逆に、もし抗議者が暴力に訴えたらどうなるか。敵の諸集団は自分たちを守るため一層強固に結束する可能性が高まる。対話の可能性も閉ざされる。敵の暴力は道徳的正当性を得やすくなり、第三者の支持を勝ち得るのも難しくなる。さらに、もし暴力に訴える場合、参加者は武器を扱える若い男性が中心となる。相手を殺傷する覚悟がいるため、目的と手段をめぐり道徳的葛藤が生じやすく、参加者は限定される。ゆえに、大衆運動として成立しにくい。

これに対し、非暴力は大衆が参加できる。目的と手段をめぐる道徳的葛藤はより少ないからである。また、非暴力の手段は多様で、武器の訓練は必要ないため、男性も女性も、若者も年配者も参加可能となる。ガンディーの「塩の行進」が成功した要因は、女性の参加にあったことを忘れてはいけない。

さらに、暴力によって達成された社会は、その体制維持のために再び暴力を肯定しやすくなる。これに対し、非暴力で達成された社会は、問題解決に必ずしも暴力は必要ないと人々が考える傾向が高まり、より自由な社会に近づくことができる。

非暴力を生き方にする

ラスティンとスマイリーは順に一週間あまり滞在した後、モンゴメリーを離れた。市内の白人に、バスボイコット運動は「共産主義者」や「外部の扇動者」の仕業であるといって、非難される材料を与えないためである。しかし、その後も二人は裏舞台でキングとMIAを支えた。

キングは、数日かけて話し合い、理解を深め、ラスティンとスマイリーの議論に納得する。キングが非暴力を「生き方」として実践する覚悟を決めたのは、実にこのときであった。このときを転換点に、キングは自宅に所有していた拳銃を処分し、護衛も非武装にする。そして、五六年三月以降、大衆集会や公的発言でガンディーに言及し始める。「イエスが私たちに道を示し、ガンディーが成功し得ると示してくれた」「合衆国でこの方法を使おうではないか」。

興味深いことに、バスボイコット運動のこれまでの展開自体が、ガンディーの戦術に対するキングの疑問を遡及的に解決していた。暴力や報復に訴えれば一層結束したであろう市内の白人は、運動側が非暴力を貫いたことで内部分裂を始めていた。市当局、白人市民会議、ＫＫＫはバス内の人種秩序を死守しようとするが、バス会社と市内白人実業界は経済的損失を恐れ、譲歩の態度を示し始めた。運動を支持する少数の市内白人は、激励の手紙を匿名で寄せた。家政婦が欠かせない白人女性は、自分が雇う黒人女性を車で送迎した。道徳的正当性を失った市当局の強硬策やＫＫＫのテロ行為は逆効果を生み、むしろＭＩＡ幹部と黒人大衆を一層結束させたのである。

何よりもこの運動は「下からの」大衆運動だった。黒人男性のみならず、バス乗客の大半を占めた黒人女性が主体を成していた。そして、五六年二月、キングを含むＭＩＡの指導者八九名が同州の反ボイコット法違反で一斉に起訴されると、モンゴメリーに全国的な注目が集まった。「愛という武器で闘う」というキングの発言に共感した全国の支持者が、ＭＩＡに寄付金を送ってきた。ＭＩＡは全国的にも道徳的正当性を獲得し、運動を運営する十分な資金も集まるようになっていった。

変化と反動のなかで

キングとＭＩＡは、五六年二月、交渉による解決は無理とみて、ＮＡＡＣＰの協力も得てバスの人種分離法自体の違憲性を問う訴訟を連邦地裁に起こした。この時点で、運動は街頭から司法の場に移される。黒人大衆の士気は依然高く、バスボイコットも継続された。六月、連邦地裁は、バス内の人種分離を規定したアラバマ州法を違憲とした。市当局が連邦最高裁に上訴したため、最終的な決着は先延ばしにされたが、これで勝利はもはや時間の問題となる。

一〇月末、市当局は市バスと市政の財源に不当な損害を与えたことを理由に、カープールを禁止する訴訟を連邦地裁に起こした。その公聴会が一一月一三日に開かれたが、同じ日、連邦最高裁はバス内の人種分離を規定するアラバマ州法とモンゴメリー市条例に違憲判決を下す。この判決以降、キングとMIA幹部は、運動は「抗議」から「和解」の段階に入ったとして、バスに乗車する準備を始めた。大衆集会では、バス内で不愉快な経験をした場合でも非暴力で対処するため、講習と訓練が徹底された。その後、連邦最高裁からの実施命令が届いた一二月二〇日をもって、大衆集会での採決により、三八二日間にわたるバスボイコット運動は正式に終了する。完全勝利であった。

しかし、人種統合バスが正常に運行するまでには、さらに二か月を要した。白人強硬派は人種統合バスを運行させせまいと、五七年一月には四つの黒人教会といくつかの黒人宅を爆破した。キングの自宅にも不発弾がくすぶっていた。逮捕された白人容疑者はいずれも、白人陪審員の前で無罪となった。他方、変化も生まれつつあった。無法状態を危惧した市内白人の大半が

「法と秩序」を支持し、こうしたテロ行為と距離を置き始めたのである。市内の白人有力団体は、爆破を非難する声明を出した。

モンゴメリー・バスボイコット運動は、明確な目標を掲げ、思想と戦術に一貫性を与えることにより、黒人大衆は自尊心をもって結集し、持続的な大衆運動が起こせることを証明した。南部の人種関係における見せかけの均衡状態は破られ、今や「変化」を求めるエネルギーが表面に吹き出した。しかし、それは「反動」を求めるエネルギーについても当てはまる。「変化」と「反動」の只中に身を置きながら、キングはバス内の人種統合は、黒人自由運動の始まりに過ぎないと感じていた。

第2節　際限のない暴力

マッシブ・レジスタンス

モンゴメリー・バスボイコット運動は勝利を収めた。しかし、南部全体を見渡せば、「人種混合」「雑種化」を阻止せよという白人強硬派による「マッシブ・レジスタンス(大抵抗)」が頂点に達していた。ＫＫＫはリンチや黒人教会の爆破など非合法的抵抗を繰り返し、白人市民会議の会員は急増する。南部出身の連邦議員一〇一名は「南部宣言」(五六年三月一二日)に署名し、「あらゆる法的手段を使用し」連邦の介入を阻止すると公言する。そして、アラバマ州とルイジアナ州とテキサス州は、共産主義の影響の疑いを口実にNAACPの活動を禁止し、複数の南部州では人種統合学校を阻止する目的で公立学校そのものを閉鎖した。

このようなマッシブ・レジスタンスは、どのような人種イデオロギーに基づいて行われていたのだろうか。リンチや爆破という凄まじい暴力が許容されるのはなぜなのか。そして、連邦政府はなぜ南部に介入しないのだろうか。少し立ち止まって検討しておこう。そこから見えてくるのは、法的人種隔離制度の撤廃を目指す黒人の行く手を阻む壁が、いかに分厚いかということである。

KKKによるテロ

クー・クラックス・クランは、白人優越主義(アングロ・サクソン優越主義)を掲げる秘密結社で、南北戦争の直後(一八六五年)にテネシー州で誕生した。その目的は、戦争により荒廃した南部で自警団としての役割を担い、解放黒人から白人を守り、連邦の再建政策を阻止して南部の自主権を回復することであった。白装束に白い頭巾で顔を隠し、夜間に黒人や黒人を支援する白人を襲撃したが、再建政策のなかで一八七〇年代には衰退した。

その後、KKKは二度擡頭する。いずれも白人優越に対する危機感の高まりに呼応してのものである。一つは、一九二〇年代で、大量の移民流入に対する反移民感情とレッド・スケア（反共産主義）が高まったとき。この時期に、燃える十字架がシンボルに加わる。会員は最大で五〇〇万人となり、黒人に加え非白人、ユダヤ人、非プロテスタントもリンチの対象になった。典型的なやり方は木に吊るして殺すものだったが、焼き殺す場合もあった。しかし、南部や中西部ではKKKに好意的な政治家も生まれたが、過激な暴力は白人優越主義の政治家からも反発を生み、また国内の反移民感情やレッド・スケアが下火になるに及んで、三〇年までに衰退する。

吊るし首で殺された黒人

再び活発になったのが、キングの登場した公民権運動期である。KKKは全国的組織というより類似組織の集合体であったが、六五年までに会員は五万人に達する勢いを見せていた。労働者階級の白人が多く参加し、「白人の血の純潔」を守る自警団と称しながら、各地でテロ行為をくり返した。集団によるリンチは言うに及ばず、黒人宅や黒人教会に火を放ったり、ダイナマイトで爆破さえしていたのである。

南部の人種イデオロギー

ＫＫＫの暴力はたしかに残虐なものであった。ただし、ここで重要なのは、そうした暴力は南部白人社会に共通する人種イデオロギーから生み出される有形無形の暴力の一形態であったということである。

南北戦争による奴隷制の廃止は、白人プランターすなわち南部白人有力層にとって、南部の生活様式の破壊と奴隷労働力の喪失を意味した。再建期が終わると、白人有力層は、白人支配を復活させ、黒人を分益小作人として再び労働力の底辺に位置づけようとする。しかし、この時期はまた、農村の白人貧困層と黒人との間に階級的連帯も生まれつつあった時期である。両者が共闘して白人有力層に立ち向かっては困る。そこで、白人有力層は「人種」の違いを強調して両者を分断し、白人貧困層を白人支配の側に取り込む政策を実行する。

まず、人頭税や識字テストの規定を設け黒人の投票権を「合法的」に剝奪する一方、白人貧困層にはこれらの規定を免除する「祖父条項」(一八六七年以前に投票した祖先がいれば投票できる)を設け投票権を付与した。白人貧困層に人種による明確な境界線を再認識させ、「白人」である分、自分は少なくとも黒人よりは上だという心理的報酬、すなわち「白い肌の報酬」を与えたのである。次に、神は人種混合を禁ずるという聖書解釈や優生学における黒人種劣等論を、純潔で貞節な白人女性像と結びつけ、一つの強力な人種イデオロギーを作り上げた。白人男性は「野蛮な黒人男性の強姦の脅威から白人女性を守る」役割を果たさなければならず、「雑種化」の阻止は道徳的義務に他ならない、というものである。

　この性的言説をまとう人種イデオロギーが南部白人に階級を越えて深く浸透することで、一九世紀末から二〇世紀初頭にかけて確立したもの、それが黒人の投票権剥奪と法的人種隔離制度、そして異人種婚禁止法（一九六七年に連邦最高裁違憲判決）に他ならない。南部の白人にとってアメリカ社会とは、逆説的に響くが、黒人の脅威から白人をいかに守るかという人種イデオロギーに基づいて作られてきた社会だったのである。

人種混合に反対する示威行動を行う白人たち．アーカンソー州リトルロック，1959 年頃

　とすれば、南部の公式、非公式の人種秩序を乱す者には、超法規的な懲罰であるリンチすら許容されることになる。一八七七年から一九五〇年にかけて、南部では実に四千人がリンチ（大半は黒人）されている。そして、同様の人種イデオロギーに基づく論理が、公民権運動期も南部の白人を支配していたのである。

容認される暴力

その典型例が、エメット・ティル事件である。五四年のブラウン判決(「分離は不平等」)に対する南部白人の反発が高まるなかで、その凄惨な事件は起きた。五五年八月、北部シカゴからミシシッピ州タラハシに住む叔父を訪ねた一四歳の黒人少年エメット・ティルが、数日後、惨殺体となってタラハシ川に捨てられているのを発見された。犯人の食品雑貨店の店主と義理の兄は、殺害動機をこう話した。黒人のガキが妻に「バイ、ベイビー」と生意気な口をきいた上、「白人のガールフレンドがいる」と言ったからだ、と。白人女性と黒人男性の性的接触という「最大のタブー」を想起させる者は、たとえ少年であっても死に値するのである。

ティル殺害は一般の白人による犯行であったこと、全員白人からなる陪審員が即座に犯人を無罪にしたことは、このようなリンチがKKKに特有の暴力ではなく、また個人的な暴力でもなく、白人共同体による暴力であったことを物語っている。棺の中に横たわるエメット少年の写真が残っているが、その無残に変わり果てた姿は、言葉で言い表せるものではない。そのような残虐な暴力が、どこか遠くの戦地などではなく、一九五〇年代のアメリカ社会のごく日常のなかで振るわれ、しかも不問に付されていたのである。

いつ何をきっかけにして自分が血祭りに上げられるかわからない。キングの唱えた非暴力の意味と意義を理解するためには、南部の白人の暴力のすさまじさ、そして黒人の恐怖と怒りの大きさを感じ取る必要がある。

一方、五四年七月、ブラウン判決に反発する南部の白人中・上流層（プランター、政治家、役人、実業家など）は、「白人市民会議」を組織していた。結成地ミシシッピ州を中心に、会員は数年のうちに南部全体で一〇万人に達する。一万二千人が集まったモンゴメリーでの一大集会（五六年二月）では、「われわれは、次のことを自明の真理であると考える。すなわち、すべての白人は平等に造られており、生命、自由、そして黒人の死を追求する権利を持つ」と宣言するビラを配布し、KKK同様、「白人の父親は娘を守れ」という性的言説で人種統合に反対した。KKKのような過激な暴力は控えたが、代わりに黒人を解雇する、銀行が黒人に融資を断るなどの経済制裁を通じて公民権活動を阻止しようとしたのである。

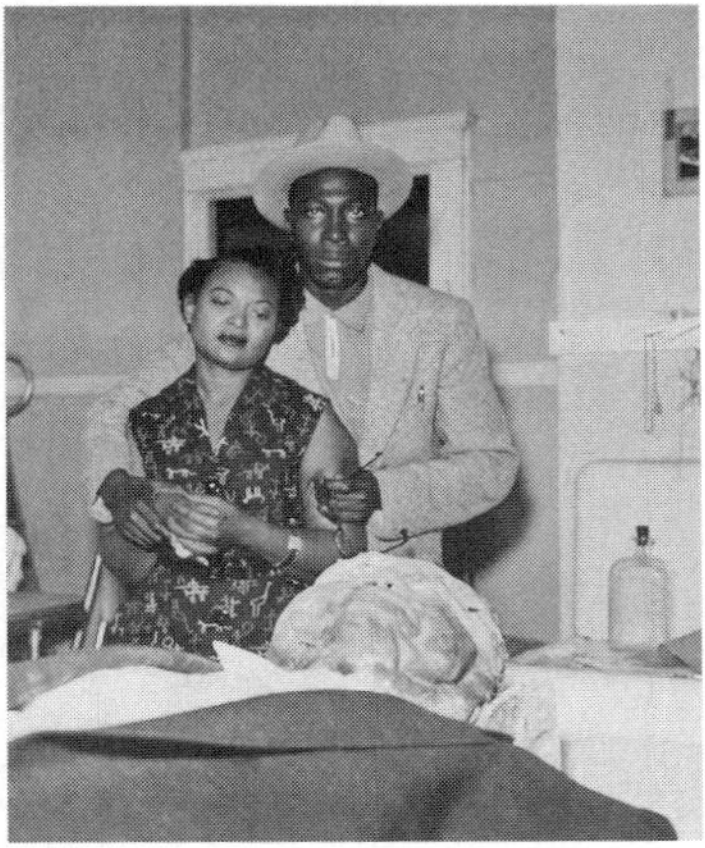

遺体のそばに立つエメット・ティルの両親

このように、南部の社会は、白人全体が有形、無形の暴力で既存の人種秩序を維持しようとする社会であった。KKKがなぜテロを起こせるのか。ごく普通の商店主が、なぜいとも簡単に殺人を犯せるのか。それは、全員白人からなる陪審員によって無罪となることが、予め了解されていたからである。しかも、暴力の発露形態が異なるだけで、KKKをはじめ、白人市民会議に属する有力層も、市民の生活を守るべき保安官も、市や州の政治家もみな、同じ人種イデオロギーを根底において共有する点で変わりはなかった。黒人に対する際限のない暴力を、南部の白人全体が容認していたのである。

法案成立を阻むもの

では、連邦政府は、南部白人の暴力を止めるために、なぜ介入しないのだろうか。連邦制度をとるアメリカにおいて事情は簡単ではない。連邦制度は、政府の権限を連邦と州とで分割する制度で、課税、外交、国防、州際通商など合衆国憲法で連邦政府に委任される権限以外は州政府の管轄とみなされる。したがって、州は独自に刑法や民法、教育制度や結婚制度を定める権限を持つ。また、州内の治安維持も州の管轄となる。連邦政府は州の要請がなければ、基本的に州に介入できないのである。南部州が法的人種隔離制度を「州権」の行使であり、連邦政府の介入を州権への侵害と反発する理由もここにある。

連邦政府が州権に抵触せず州の政治や治安に介入する方法はただ一つ、それを可能にする法的根拠と権限を連邦政府に付与する法律を連邦議会で成立させるしかない。すなわち、法的人種隔離制度を廃止する公民権法や公民権活動家に加えられる暴力を連邦法上の犯罪として処罰する立法措置である。この点に関し、人種問題を究極的には道徳的次元の問題と考えるキングも、立法の重要性を見逃さなかった。「法律は人をして私を愛するようにさせることはできないかもしれないが、その人がリンチを加えるのを抑えることはできる。そして、それも大事なことなのだ」と語っている。しかし、連邦議会での立法化の壁は分厚い。なぜなら、法案を握りつぶそうと、南部選出議員とそれ以外の保守派議員が待ち構えているからである。

この南部選出議員は、ほぼ一〇〇パーセント、民主党議員であった。南部民主党は、奴隷制擁護を掲げ南北戦争を戦った。再建期が終わると、再び南部政治を掌握し、「堅固な南部」と呼ばれる一党支配を続けることになる。一方、アメリカの政治は、一九二〇年代まで共和党が主導権を握ってきた。共和党は、一八五四年に奴隷制拡大反対を掲げ北部で結成され、奴隷制を廃止した政党である。したがって、黒人も長らく共和党支持者であった。

しかし、共和党の優位は大恐慌により揺らぐ。元来北部の実業家や経営者を支持基盤とする共和党は、「小さな政府」の立場から、銀行の倒産、失業率の上昇、農民の困窮などに効果的対策を打ち出さなかった。これに対し、民主党ローズヴェルト大統領はニューディール政策を掲げ、「大きな政府」の立場から雇用の創出、労働組合の認可、農業の保護、社会保障制度の発足などの措置を講じた。その結果、三〇年代以降、ニューディール政策で一定の恩恵を受けた北東部や中西部の白人労働者、北部黒人(南部黒人は投票権を剝奪)、南部白人農民などが「ニューディール連合」と呼ばれる民主党の強力な支持基盤を築いていく。黒人が民主党支持に転じたのもこの時である。「ニューディール連合」の下で、民主党は六四年まで優位を維持する。

ただし、民主党は内部に恒常的な軋轢を抱えてきた。黒人を支持基盤に含める北部民主党と、法的人種隔離制度を温存する南部民主党である。そして、この軋轢こそ、大統領を出しながらも、さらには連邦議会で多数派を占めながらも、民主党が公民権法を成立させられない要因になるのである。そして、北部の民主党議員は共和党の穏健派議員と、南部の民主党議員は共和党の保守派議員と結びつきながら、法案の行方を左右することになるのであった。

「堅固な南部」とはいえ、現実には南部白人も一枚岩ではない。白人強硬派の抵抗は、アラバマ州やミシシッピ州などの深南部(ディープ・サウス)で一層激しかった。都市や農村による違いもあった。また、法的人種隔離制度の撤廃にかかる時間については異なる意見を持っていても、人種統合の原則には賛成している白人穏健派もいた。白人牧師の多くは、個人的には人種隔離はキリスト教の福音に反すると考えていた。リンチや爆破事件に伴う地元の評判悪化を懸念し、譲歩も必要と考える白人実業家もいた。しかし、彼ら彼女らの大多数は強硬派による制裁を恐れ、沈黙したのである。このように、二重三重の分厚い壁が、自由を求める黒人の行く手を阻んでいた。

第3節　シンボルとしての葛藤

高まる名声

モンゴメリー・バスボイコット運動の成功により、キングは弱冠二七歳で公民権問題における全国的シンボルになりつつあった。それはキング自身が望んだというより、周囲がそう見なし始めたのである。この運動をきっかけに、キングの人脈は広がる。その中には、寝台車給仕組合委員長フィリップ・ランドルフやNAACP会長ロイ・ウィルキンズがいた。ラスティンを通じて、キングはニューヨーク市に拠点を置く白人弁護士スタンレイ・レヴィソンと黒人活動家エラ・ベイカーを知る。FORとCOREの他、「全国教会協議会」(NCC)や「全国精肉業労働組合」(UPWA)など進歩的組織とも結びつきができた。メディアもキングの「シンボル化」を後押しする。『タイム』誌や『ニューヨーク・タイムズ』紙は、バスボイコット運動とキングを好意的に評価する記事を掲載した。五七年から翌年までの一年間に、キングは全国を飛び回り二〇八回の講演をこなしたが、講演依頼はそれ以上に来た。

しかし、高まる名声の裏で、キングはある種の挫折感を味わっていた。「人々は、これからは私に帽子の中から兎を飛び出させるような驚くべきことを期待するであろう」。期待を裏切れば、若くして「あいつはだめだ」と烙印が押される。加えて、死は常に身近にある。とはいえ、最終的には、モンゴメリーの成功体験を土台に、非暴力による社会変革の可能性を追求したい衝動がキングの中で勝る。なによりも、全国的指導者というポジションは、自己の信じる福音理解と非暴力のメッセージを一層広範囲にわたる人々に伝えるのに好都合でもあった。

SCLCの創設

五六年一二月、モンゴメリーで非暴力ワークショップが開かれた。一〇〇名ほどの参加者の多くは、キングをはじめ、南部各地のバスボイコット運動や他の抗議運動を指導していた黒人牧師である。キングは基調演説で、「私たちの教会は戦闘的になりつつあり、個人的救済の福音だけでなく社会的福音も強調している」と述べた。

翌年一月、これら黒人牧師は、キングを議長に「南部キリスト教指導者会議」(SCLC)を創設する。SCLCは創設にあたり、NAACPが採用してきた法廷闘争を高く評価する一方、今や公民権運動は大衆動員型の非暴力直接行動を戦術の中心に据えるときが来たと論じた。また、黒人の有権者登録を促進する必要性も指摘した。こうして、SCLCは、愛と非暴力、道徳的良心への訴え、直接行動による圧力、黒人と白人との連携、歌と祈りと説教が生み出す霊的活力の活用といったキリスト教的運動方針を採用し、公民権運動において黒人牧師と黒人教会が指導力を発揮すべきであるとの立場を明確にする。

しかし、五七年から五九年にかけて、キングは具体的な成果を生み出すことができなかった。いくつもの要因が重なった。何よりも、キングの過剰な仕事量である。コレッタは、キングが「四人分以上の仕事を一人でこなさなければならない」状態だと語った。キング自身、「何も十分なことをしていないという挫折感を味わっている」と吐露する。デクスター教会牧師、MIA会長、父親、SCLC議長、そして講演と執筆の責任をきちんと果たすのは至難の業だった。キングの活動拠点がモンゴメリーにあることも、SCLCの停滞に影響した。

冷淡な連邦政府

マッシブ・レジスタンスに対する連邦政府の姿勢は冷淡だった。SCLCはアイゼンハワー政権に頻繁に電報を送り、連邦最高裁判決の実行と「法と秩序」の遵守を求めるメッセージを南部に送るよう要請するが、回答はなかった。ただし、アイゼンハワーは、一度だけ南部に介入している。五七年九月、アーカンソー州リトルロックで、ブラウン判決の実施を求め黒人生徒九名がセントラル高校へ入学を試みると、フォーバス州知事は当初州兵を動員してこれを阻止しようとし、白人も暴徒化した。騒然たる様子は国際的非難を呼び、アイゼンハワーはしぶしぶ連邦軍を投入し州兵も連邦軍に編入して事態を収拾したのである。しかし、その後キングらがようやくアイゼンハワー大統領との会談を持つことができたとき、大統領は「道徳は立法化できない」と素っ気なく応じるだけであった。

マッシブ・レジスタンスと連邦政府の無関心の中、黒人大衆も有権者登録や直接行動に出られる状態ではなかった。白人雇用主は有権者登録を試みれば解雇すると脅した。バスの乗車拒否と異なり、白人専用の場所に赴いて人種分離法を故意に破る直接行動となれば、参加者には暴力、逮捕と投獄、多額の保釈金や裁判費用が待ち受けている。運動を組織する側が、少なくとも事前に保釈金を確保できていなければ、黒人大衆を直接行動に動員することは難しかった。

We Shall Overcome

とはいえ、この時期に、キングは一つの変化を生み出すことに成功する。「非暴力抵抗という考え方」の南部黒人への浸透である。キングは、毎年一二月にＭＩＡ主催の一週間の非暴力ワークショップを開き続ける。ＳＣＬＣ、ＦＯＲ、ＣＯＲＥが主催する非暴力ワークショップも開かれた。研修後、地元に戻った黒人指導者は、住民と非暴力による社会変革の可能性を議論した。グレッグの『非暴力の力』は必読書として多くの人が手に取り、五九年には第二版がキングの「前書き」入りで刊行される。そして、キングは全国各地の教会、団体、大学で年間二百回を超える講演を行う。それを通して、無数の人々がキングの非暴力抵抗の考え方に触れることになったのである。

キングが、テネシー州にあるハイランダー・フォーク・スクールで演説をしたのは、ちょうどその頃のことである。マイルズ・ホートンが創設したこの非営利団体は、南部では数少ない人種統合団体で、自由闊達な討論を通じて労働者や公民権の指導者を育成してきた。同校はまた、四〇年代からFORやCOREと交流しガンディーの非暴力を強力に支持してきたことでも知られる。キングはそこで、黒人自由運動は労働運動との連携で一層強力になると語った。

ハイランダー・フォーク・スクールを訪ねたときの写真を使って，後にこのような看板が出される．キングを「共産主義者」として非難している

その帰途、「あの歌には何か忘れられないものがある」と言って、キングは会場で聞いた歌をハミングし続けていたという。それが、フォーク歌手ピート・シーガーの〈われら打ち克たん〉*We Shall Overcome* である。この歌はやがて、公民権運動のバイブル・ソングとなる。

刺される

五八年夏、レヴィソンやラスティンに編集上の支援を得て、キングは最初の著書『自由への大いなる歩み』を出版した。この本はキングの講演会場でも積極的に売られ、幅広い読者がキングの非暴力哲学に触れる機会となる。ところが、そのとき事件が起こった。九月、キングはニューヨーク市のハーレムで自著に署名中、精神錯乱状態の黒人女性に左胸上部をレター・オープナーで刺されたのである。オープナーは大動脈付近にまで達し、くしゃみ一つで命を絶たれる危険があった。

幸い手術は成功し、術後、ベッドに横たわるキングの発言に注目が集まった。奇禍とはいえ、非暴力の有言実行性が問われる場面となったのである。キングは、人を刺す行為に及ぶほど苦しんでいた女性の状況に注意を喚起した上で、その女性を「許す」と述べた。常人には困難なこの発言は、非暴力を自らの生き方にするキングの公的イメージを高めることになった。

ところが皮肉にも、医者に四か月の療養を宣告されたことで、キングは激務から一時的に解放される。家族や親戚と会話し、娘ヨキと前年一〇月に誕生した息子キング三世と時間を過ごした。立ち止まる余裕ができたキングは、公民権運動に復帰する前にインドを訪問することを決意した。インドのネルー首相から二年前に招待の連絡を受けて以来、それはキングの希望でもあった。

ガンディーの国へ

インド訪問は、キングにとり精神的な再生体験の出来事となる。五九年二月から三月にかけて、キングはコレッタと同僚ローレンス・レディックを伴いインドを訪問した。一か月をかけて、インドを一周するようにボンベイ、デリー、カルカッタ、マドラスなど主要都市すべてに足を運ぶ。現地での記者会見に、キングは旅行者ではなく「巡礼者」として来ていると、特別な思いを語った。キングは、ラージコットでガンディーの慰霊碑に花輪を手向け、跪いて祈った。ボンベイにあるガンディーの住居マニ・バワンで寝食し、ガンディーの質素な生活を体験する。アーメダバードでガンディーが「塩の行進」を開始した出発地点にも自らの足で立った。

インドの民衆は、キングを世界中の被抑圧者の代表として、またガンディー主義の体現者として受け入れてくれた。キングはこれに感動する。他方、キングはインドのすさまじい貧困に驚愕した。そして、ガンディーの言葉を想起した。インドのエリートが同胞を搾取し続けるとすれば、インド独立に何の意味があるのか。アンタッチャブル(不可触民)の少女一人を養子にし、徹底して貧者に同一化した点に、ガンディーのもう一つの偉大さがあるとキングは再認識する。

ネルー首相との四時間にわたる会談も建設的だった。国際間の非暴力適用の可能性をキングが尋ねると、ネルー首相は、一国の首相として現実的対応が必要だとしつつも、インドは世界に非暴力を働きかけ続けると回答した。ガンディーの「統一インドの独立」の夢は成就せず、インドとパキスタンは分離独立し、両国の間では戦争が起きていた。だが、厳しい現実はありながらも、キングはガンディーの精神がいまだインドに息づいている事実に意義を見出す。非暴力による社会変革への決意を一層固くし、キングは帰国の途に就いた。

非暴力は通用しない

非暴力抵抗の考え方は、南部黒人たちの耳にも馴染み始めていた。彼ら彼女らの大多数は黒人教会に通い、信仰心が厚かった。キングが説く「イエスの贖罪愛」とガンディーの戦術を融合させた非暴力抵抗の考え方を受け入れやすい文化的背景があったからである。しかし、このことは非暴力抵抗が南部黒人の支配的戦術となることを保証するものではなかった。非暴力抵抗に挑戦する動きが早くも現れていた。最も顕著なのは、ロバート・ウィリアムズによる武装自衛の呼びかけである。

ウィリアムズは、ノースカロライナ州モンローに生まれ、第二次大戦中には海兵隊に所属していた。従軍を通して権利意識を高め、ブラウン判決に希望を見た彼は、五五年に故郷へ戻ると、NAACPモンロー支部長として活動を始める。しかし、モンローの現実は、マッシブ・

レジスタンスの席巻だった。特に二つの事件が、南部白人の下で正義は機能しないとウィリアムズに確信させた。白人少女が遊びで黒人少年の頬にキスした。だが、そのキスの「事実」をもって白人陪審員は、一〇歳に満たない黒人少年二人を有罪とし、無期限で少年院に送った。一方で、黒人妊婦を強姦したとされる白人男性容疑者を、白人陪審員は無罪としていた。

ウィリアムズは、連邦政府の介入もない無法地帯の下では、黒人は武装自衛が必要であり、「暴力には暴力で応ずる」と訴えた。『ニューヨーク・タイムズ』紙（五九年五月）にこの記事が載ると、NAACPはウィリアムズを謹慎処分としたが、ウィリアムズは持論を主張し続けた。左翼系雑誌『リベレーション』（九月号）で、ウィリアムズは「キングは卓越した成功せる指導者」だと認める一方、非暴力は「敵が文明化されていれば」通用するが「サディスト（＝南部白人）」には効かないと書いた。

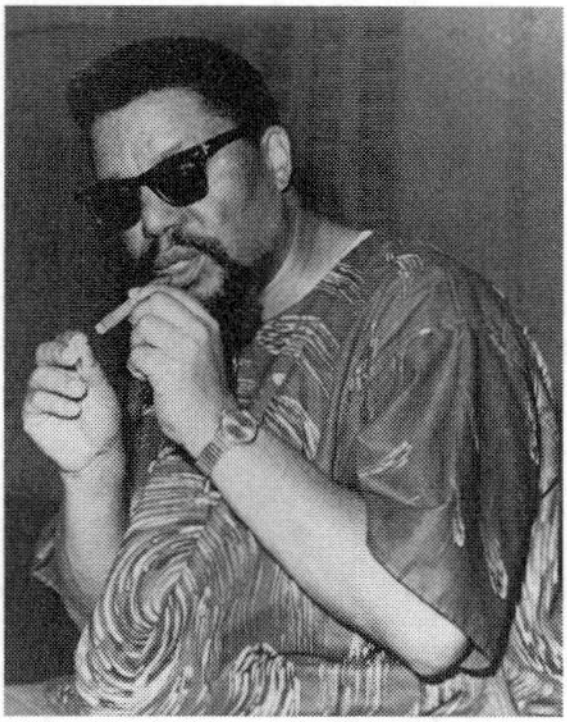

ロバート・ウィリアムズ．暴力には暴力で応ずると黒人の武装自衛を唱えた

キングの反論

見過ごせないと感じたキングは、同誌の翌月号で反論する。非暴力でいられない場合の個人の自衛の原理自体はガンディーも否定していない。問

題は、社会変革のために組織的に武装することである。この場合、本来一枚岩でない敵を逆に結束させ、第三者の支持を失い、結果として社会変革を一層難しくする状況を生み出す。

もう一つ、武装自衛の主張は、黒人に選択肢はこれだけという誤解を与える。しかし、黒人には非暴力抵抗という選択肢があるのだ。敵は武装した少数集団の方を好む。対応を心得ているからだ。しかし、ボイコット、座り込み、ストライキ、行進など、組織化された「敵を休ませない」大衆行動に対し、敵は対処法を知らない。最も悲劇的なことは、こうした非暴力抵抗を試す前からこれを捨ててしまうことである。

ウィリアムズの武装自衛論は例外的主張ではなかった。バスボイコット運動の最中、キングの自宅が爆破されたときに黒人は武器を手にしたし、ラスティンとスマイリーに出会うまではキング自身も拳銃を所持していたのである。多くの黒人にとって自衛は、白人の暴力への現実的対応策であり続けてきた。キングはこの側面を理解していた。

しかし、今やキングは、非暴力による社会変革の「シンボル」を引き受け、非暴力を生き方として実践する覚悟を決めた人間であった。この宿命を背負った以上、キングはもはや「純粋な自衛」と「報復的暴力」との境界、また「個人的自衛」と「組織的自衛」との境界を厳密に線引きできない自衛論を是認することはできなかった。こうして、非暴力と自衛をめぐる論争は、互いの主張に対する誤解も含みつつ、六〇年代の黒人自由運動のなかで継続し、かつ共存することになる。

ウィリアムズの武装自衛の主張に反対した以上、キングは非暴力抵抗が社会変革の武器として効果を発揮することを証明する必要にいよいよ迫られた。レトリックを超えた実効性ある計画を生み出さねばならない。六〇年一月、熟慮の結果、キングはMIA会長とデクスター教会牧師を辞任し、家族とともにアトランタに移った。父のエベネザー教会の共同牧師となることで時間の余裕を作り、SCLCの活動に本腰を入れる決意を固めたのである。黒人学生による座り込み、いわゆるシット・イン運動が起こったのは、その矢先のことである。

第4節　ウィ・インシスト！

シット・イン運動

一九六〇年二月一日、ノースカロライナ州グリーンズボロでそれは起きた。この日、ノースカロライナ農工大学の黒人学生四人は、正装し、大型雑貨チェーン店ウールワースで文房具を買うと、店内の「白人専用」ランチカウンターに座ってコーヒーを注文する。当然ながら、注文のコーヒーは出てこない。支配人が無視し続けるなか、四人は閉店まで黙って座り続けた。翌日、学生は二〇人に増える。支配人は驚くばかりだった。その後も参加者は日ごとに増え続け、結局、支配人は「治安」を理由に店を閉じた。

二月一三日、テネシー州ナッシュヴィルで、同種のシット・インが起きる。数日すると、正装した学生は店内で地元白人に罵られ、殴る蹴るの暴行を受け、しまいには逮捕された。しかし、第二波、第三波と参加者が押し寄せる。逮捕された学生は、自分たちの行為の道徳的正しさを世論に訴えようと、保釈よりも留置所に留まることを選ぶ。

正装して非暴力を貫く黒人学生、一方、ラフな服装で暴力をふるう地元白人。この対照的な映像や写真は、南部の黒人学生たちを触発し、北部の白人学生の支持も獲得しながら各地にシット・インの連鎖反応を生んだ。六週間後には、南部都市のほぼ全域に拡大し、その年の夏までに参加者は五万人に達する。チェーン店は経済的損失を出し、対外的評判の悪化を懸念する市長も出始めた。深南部では未だ成果を見なかったが、北部と深南部の間に位置する南部州では、ランチカウンターの人種隔離を撤廃する動きが見られるようになる。

1960年2月2日，ウールワース店内で「シット・イン」する学生たち

シット・イン運動は、二点において公民権運動の新たな出発点だった。第一は、学生が表舞

台に躍り出たことである。予兆はあった。すなわち、五七年九月にアーカンソー州リトルロックのセントラル高校で起きた、黒人高校生九名に対する入学拒否事件である。この事件以降、大学生の多くが、「年下の兄弟姉妹に重責を負わせていてよいのか」と自問し始めた。また、彼ら彼女らは、こう考え始める。体力や機動力の点、また解雇や扶養などを心配せずに済む点で、自分たちは大人より相対的に参加しやすい条件が整っているではないか、と。

第二は、非暴力直接行動が戦術として開花したことである。モンゴメリーのバスボイコット運動は、最終的には闘争の場が街頭から法廷に移されることで決着がついた。シット・イン運動は、闘争の場を再び街頭に戻したのである。それも、バスに乗車しないという「法を破らず」行う「受動的抵抗」としてではなく、白人専用とされている場所に直接足を踏み入れ、「法を破る」ことで人種隔離撤廃を迫る「直接行動」として、である。

非暴力ワークショップ

学生の自発的な行動として始まったシット・インは、公民権運動の新たな出発点だったが、同時に一つの到達点でもあった。それは、五七年から五九年の間に行われた非暴力を南部黒人に浸透させようという、地道な集団的努力の成果という意味においてである。

グリーンズボロで最初のシット・インを行った黒人学生四人は、東に位置するダーラムでＳ

ジェームズ・ローソン．非暴力ワークショップのスペシャリスト．SNCC 創設に関わる

ＣＬＣの黒人牧師が開く非暴力ワークショップに参加した経験をもつ。四人のうち、エゼル・ブレアは、五八年にキングの演説を聴いたとき、「彼の言葉に私の心は震え、涙を流した」という。また、フランクリン・マッケインは、「その運動は、非暴力運動として、キリスト教的運動として始まった」と話している。

非暴力ワークショップが最も成功した場所は、黒人牧師ジェームズ・ローソンのいるテネシー州ナッシュヴィルである。五三年にインドで非暴力の哲学と戦術を学び始めたローソンは、インド滞在中にモンゴメリー・バスボイコット運動を知り、同世代で自分と似た考えを持つキングに感銘しつつ五六年春に帰国した。同年秋、ローソンがキングの講演会に顔を出し会話を交わすと、今度はキングがローソンに魅了され、南部に「すぐ来てほしい」と頼んだ。

ローソンの非暴力ワークショップへのリクルートを手伝ったのは、同市のＳＣＬＣ黒人牧師ケリー・ミラー・スミスである。スミスの教会を通じて、ジョン・ルイス、ジェームズ・ベヴエル、Ｃ・Ｔ・ヴィヴィアンなど、アメリカン・バプテスト神学校の学生や、フィスク大学のダイアン・ナッシュなど、地元の四つの黒人大学の学生がワークショップに参加するようになった。後にSNCCないしSCLCの有力メンバーになる面々である。

ワークショップでは、非暴力の哲学と戦術に関する討論、質疑応答、抗議行動の際の服装、言葉遣い、遭遇するであろう暴力を想定したロールプレイが繰り返し行われる。五九年までに常時二〇名の参加者が入れ替わり集まり、同年九月以降は毎週火曜日にセッションを開き、これを積み重ねていたのである。

半年以上に及ぶローソンのワークショップは、大きく三段階に分かれていた。最初の二段階は、主として非暴力の哲学に対する理解にあてられ、第三段階は実践にあてられた。

第一段階は、参加者が自尊心を獲得し、不正には抵抗しなければならないことを確信する段階である。参加者は、人種問題についてオープンに議論してよいという経験自体にまず驚く。そして、自分の、家族の、親戚の、友人の人種差別体験を話し、共有し、共感する。一人で悩む必要がなくなると、連帯意識が生まれ、恐怖心が取り除かれ、自分でも気づかなかった勇気と自尊心が芽生えてくる。自尊心に目覚めた参加者は、法的人種隔離制度をもはや許容できないと確信するようになる。

第二段階は、不正を正し和解を勝ち取る方法として非暴力の有効性を認識する段階である。ローソンは参加者と一緒に考える。黒人は白人を打ち負かしたいのか。そうではない。対等な扱いを要求しているだけだ。ならば、最終目標は「和解」となる。では、和解は暴力を通じて実現できるだろうか。否である。なぜなら、暴力は一方が勝ち他方が負けてよいという前提に基づく戦略だからだ。また、暴力は恐怖心や憎悪を原動力にして生まれる。したがって、和解の実現には別の前提に基づく戦略、敗者を生まないウィン・ウィンに基づく戦略が必要となる。それは、不正に断固反対しながら、なおも敵に対する理解力を保持する非暴力である。

この第二段階までに、ローソンはあせらず何か月も費やす。その間、ローソンはもっぱら聞き役に徹し、疑問や意見を自由に討論させ、助言を与える。参加者の中には、ワークショップを途中で止める者もいるし、継続する者もいる。最後まで残った参加者は、キングが非暴力の六原理と呼ぶ非暴力哲学を身につけるに至る。すなわち、(一)非暴力は勇気ある人の生き方である。(二)非暴力は友情と理解を勝ち取ろうとする。(三)非暴力は人ではなく不正を打ち倒そうとする。(四)非暴力は自ら招かざる苦しみが教育し変容させると考える。(五)非暴力は憎悪の代わりに愛を選ぶ。(六)非暴力は宇宙が正義の側に味方すると信じる。

非暴力哲学に対する理解が深まると、実践の第三段階に入る。その焦点は「社会劇」、すなわち実際に遭遇する口汚い暴言や暴力を想定したロールプレイである。ランチカウンターへのシット・インの場面を設定し、参加者はカウンター席に座る。南部白人役の者は、参加者に顔の前で「このニガー」「猿」「神は白人だぞ」と罵り続ける。小突く。頭からケチャップやミルクをかける。顔に唾を吐きかける。椅子を揺らして引きずり倒す。参加者は、それでも冷静さを保ち、礼儀正しい言葉を使い、非暴力を貫けるよう訓練する。

ロールプレイの後、参加者は、毎回自分がどう反応したか、どんな感情を持ったか、悪意を抱かなかったか、非暴力を貫くために何が必要かなど、あらゆる問題点をローソンと他の参加者と話し合う。これを繰り返し行い、完全に自己統制ができるまでにする。

参加者は、可能な限り身を守る方法も訓練する。相手が殴りかかってきたら、両手で頭部を抱え頭蓋骨を守る。その際、顔が損傷を受けないよう両肘をくっつけて目の前に持っていく。相手が引きずり倒し蹴ってきたら、身体を丸めて膝を顎まで引き寄せ胸部や腹部を守り、両手で頭部を守る。一人が殴られていたら、相手に向かっていくのではなく、殴られている者に覆い被さり、殴打の衝撃を和らげる。ローソンのワークショップに参加した学生たちは、このようにして非暴力の熟達者に成長していき、公民権運動を牽引していくのである。

SNCCの創設

キングは、シット・イン運動を「公民権運動全体の中で最も重要な展開の一つ」と捉えた。そのはずだ。黒人学生と善意ある白人学生が非暴力抵抗に新たな命を吹き込んでくれたのだから。問題は、学生たちの熱気をどう組織化するかである。指導力を発揮したのは、エラ・ベイカーだった。彼女は、学生の主体性と創造性を最大限確保することが大切だと考え、既存の公民権団体から独立した学生自身の組織を創る必要性を強調したのである。

六〇年四月、ノースカロライナ州ローリーにあるショー大学に二〇〇人の学生と活動家が集まり、「学生非暴力調整委員会」(SNCC。スニックと読む)が仮創設された。その後、三〇〇人が集まった一〇月の大会で、SNCCはアトランタに本部を置く常設組織となる。とくに、ローソンとナッシュヴィルの学生は、非暴力の熟達者として一目置かれる存在だった。ローソンの原案をもとに書かれたSNCCの創設声明は、「非暴力は和解と正義が現実となりうる環境を育てる」とし、行動の基盤を愛と非暴力に置くと宣言する。

エラ・ベイカー．SNCC 創設メンバーのひとり

創設大会に参加したキングは、目的と手段の一貫性が重要だと訴えた。「抵抗と非暴力とがそれ自体で善であるわけではない」「非暴力の真の意味は(中略)和解であり」、この究極的目標を見失ってはならない、と。SNCCのニューズレターでは、グレッグの『非暴力の力』がキングの『自由への大いなる歩み』と並び、最重要必読リストに挙げられた。

立ちはだかる障害

キングは各地のシット・イン運動を激励し続けたが、長らく直接参加することはなかった。最大の理由は、南部白人権力者が仕掛ける「キング潰し」が重くのしかかっていたことである。六〇年二月半ば、キングはアトランタで突如逮捕され、五月末にアラバマ州で裁判にかけられた。容疑は、五六年と五八年の所得税の納税申告に対する偽証罪である。重罪である偽証罪の適用事例はアラバマ州では一度もなく、アラバマ州知事が仕組んだキング潰しだった。キングの納税申告は適切に行われていたが、全員白人の陪審員がいかなる判決を下すかは目に見えていた。「有罪」の場合、一〇年の刑が宣告され、キングは二度と公民権運動の場に戻ってこられない。それが現実となる日が、刻一刻と迫っていた。

五回の逮捕、二回の自宅爆破、脅迫電話に偽証罪が加わり、キングの四か月間の苦悩は、コレッタが「こんなにマーティンが落ち込んだのは見たことがない」と言うほど深かった。しかし、事態は「奇跡」とも形容すべき思わぬ展開をみせる。公判当日、キングの弁護士が州の監査方式の明らかなミスを証明したとはいえ、それでもキングは有罪を覚悟していた。ところが、白人陪審員は「無罪」を評決したのである。この評決は、南部白人の中にも善意の人々がいるとキングに希望を与えた。しかし、何よりもキングが公民権運動に関与し続ける道を残した点で、キング自身が「人生の転換点」と呼ぶ出来事だった。

ケネディ兄弟

六〇年一〇月、キングは地元アトランタの学生の要請に応じ、リッチ・デパートのレストランでシット・インを行い、三五人とともに逮捕された。留置所に留まると宣言するキングの姿が報道されると、各地からアトランタ市長に批判の電報が殺到した。市長は白人店主と学生との交渉機会を設けると約束し、五日後には学生全員を釈放する。だが、キングだけ釈放されなかった。

この半年前、キングは些細な交通違反で捕まったことがあった。ジョージア州の運転免許証に更新せず運転していたという理由である。キングは郡裁判所に出廷を命じられ、罰金を払った。ところが、郡裁判所は、キングに明確に通告することなく、一年間の保護観察という異例の罰則も科していたのである。保護観察中にシット・インで「法を犯した」ことを理由に、郡判事はキングに四か月の重労働刑を宣告する。これも、キング潰しだった。翌朝早く、キングは凶悪犯罪者のごとく手足を鎖でつながれ、ジョージア州刑務所に移送され、独房に放り込まれた。お腹に五か月の第三子を身ごもっていたコレッタは、重労働中にリンチされ「夫は殺される」と、この時初めて泣き崩れた。

ＳＣＬＣや他の団体は即座に反応し、大統領選挙を二週間後に控える候補者二人、すなわち共和党リチャード・ニクソン副大統領と民主党ジョン・F・ケネディ上院議員に電報で大攻勢をかけた。迅速に対応したのはケネディである。ケネディはコレッタに電話をかけ支援を約束し、弟ロバート・ケネディは郡判事に電話し、「なぜ保釈されないのか」と圧力をかけた。その結果、キングは保釈された。

ケネディには、政治的考慮も働いていたであろう。ケネディはこの救出劇により黒人票の上積みに成功し、ニクソンとの史上稀にみる接戦を制して大統領に当選することができた。大統領選挙期間中、キングはどちらの候補者も正式に支持することはなかったが、ケネディの対応を「道徳的勇気」の現れと捉え、率直に感謝した。

「第二の解放宣言」を

ところが、大統領就任後のケネディの公民権問題に対する姿勢は消極的で、彼は公民権法の立法化を議会に働きかける意志はないと発言する。その発言は、ケネディの連邦議会の政治状況に対する判断から来ていた。すなわち、現状では、南部民主党議員と共和党議員の保守連合による強力な反対に遭い、いかなる公民権法も成立の見込みはない、と。だが、ケネディの発言は、黒人には裏切りに映る。なぜなら、ケネディは、当選の暁には就任一年目に強力な公民権法成立に向けて動くと公言していたからである。

ケネディの弱腰に失望したキングは、『ネーション』誌(六一年二月)のなかでこう批判する。連邦政府は、公教育の法的人種分離を違憲とした連邦最高裁判決を南部に遵守させる義務がある。しかし、遵守しない南部に対し、教育、医療、投票、雇用、住宅の分野で連邦助成を止めるなどの行政上の指導力を何ら発揮していない。「私たちは、この国において人種隔離に対する最大の支援者が連邦政府であるという悲劇的事実に直面せざるをえない」と。

キングは、ケネディ大統領に、リンカーンの奴隷解放宣言にならい「第二の解放宣言」を出し、適切な行政措置をとるよう求める電報や書簡を送り続ける。と同時に、ケネディ政権を公民権問題に介入させる強制力ある非暴力戦術を模索する必要もあると考えるようになっていく。

フリーダム・ライド

いち早く強制的な非暴力戦術を試みたのは、キングではなくCOREだった。六一年五月四日、首都ワシントンからルイジアナ州ニューオーリンズに向けた「フリーダム・ライド(自由のための乗車運動)」が、白人と黒人一三人により開始されたのである。州際輸送機関に関し、連邦最高裁は四六年に乗客への人種分離を違憲としたが、六〇年には待合室、レストランなど諸施設の人種分離も違憲とした。フリーダム・ライドの狙いは、これら判決の実施状況を実地に調べ、かつ暴力的白人と非暴力的ライダーズとの「劇的な対決」に全国的注目を集めて連邦

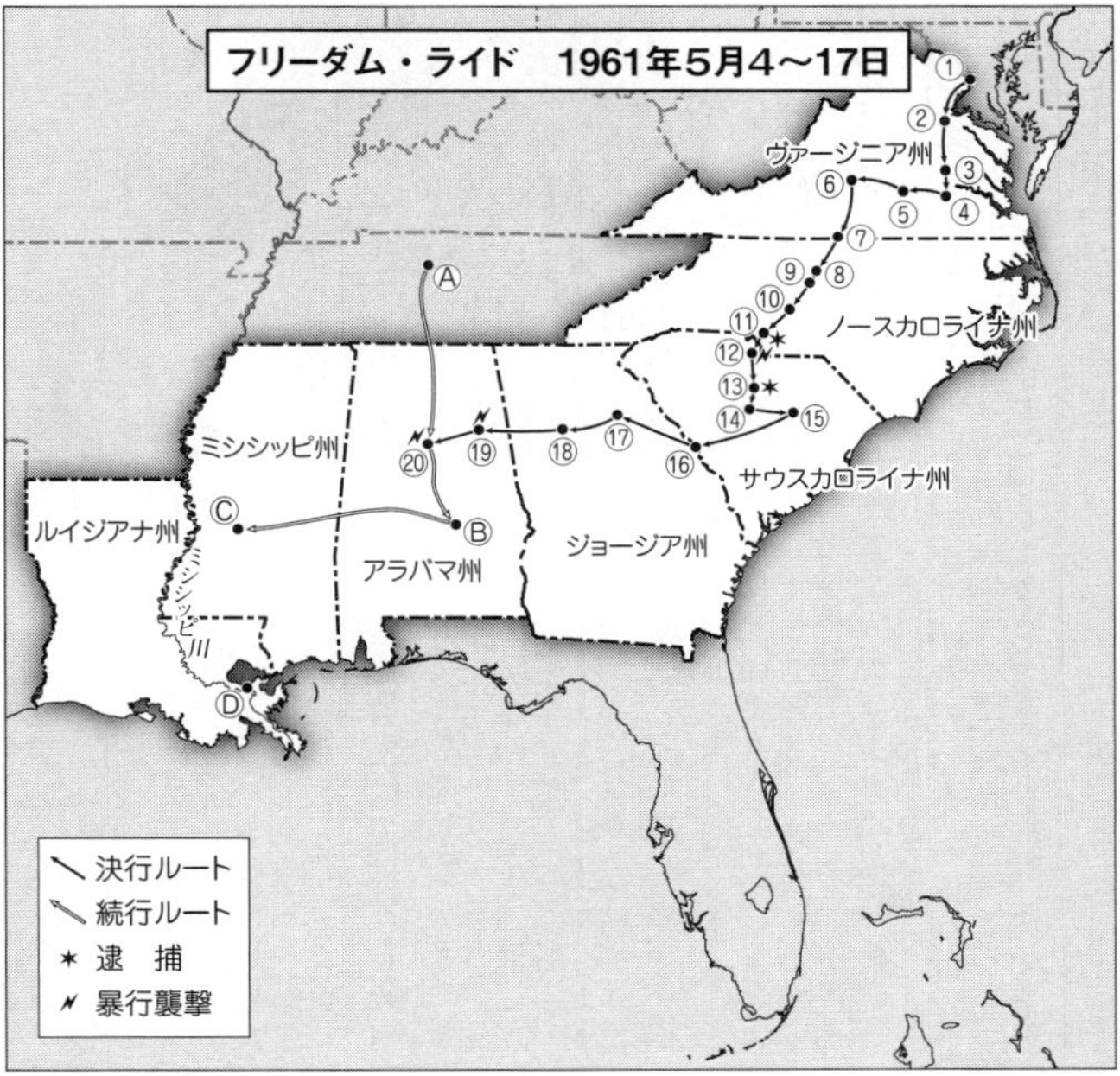

①ワシントンD.C.
②フレデリクスバーグ
③リッチモンド
④ピーターズバーグ
⑤ファームヴィル
⑥リンチバーグ
⑦ダンヴィル
⑧グリーンズボロ
⑨ハイポイント
⑩ソールズベリー
⑪シャーロット
⑫ロックヒル
⑬ウィンズボロ
⑭コロンビア
⑮サムター
⑯オーガスタ
⑰アセンズ
⑱アトランタ
⑲アニストン
⑳バーミンガム
Ⓐナッシュヴィル
Ⓑモンゴメリー
Ⓒジャクソン
Ⓓニューオーリンズ
（当初の目的地）

政府を介入させ、判決の実施を強制させることだった。

グレイハウンド社とトレイルウェイ社の長距離バス二台で南下するライダーズは、ジョージア州までは通過できた。だが、アラバマ州は違った。五月一四日、アニストンでは一〇〇人を超える白人暴徒に襲われ、バス一台を炎上させられる。地元警察はＫＫＫの襲撃を黙認していたのである。翌日、ライダーズが残る一台でバーミンガムに到着すると、地元警官が傍観するなか、白人暴徒が襲ってきた。全国的注目は集めたものの、予想以上の暴力に加え、バスの運転手がその先の運転を拒んだため、ライダーズは運動の一時終了を余儀なくされた。

暴徒に襲われ炎上するフリーダム・ライドのバス

しかし、参加者の一人がナッシュヴィルに戻ると、ＳＮＣＣの有力メンバーであるダイアン・ナッシュが動いた。それは、非暴力運動が勇気ある人々の集団的努力で成り立つことを示す瞬間だった。彼女は、静かに、だが力強くこう言った。「暴力に屈して中止すれば、運動は死んでしまう」。こうして、ナッシュヴィルのＳＮＣＣの学生が乗車を引き継ぐ。

しかし、ライダーズがモンゴメリーに到着すると、鉄パイプを持った暴徒が襲いかかった。キングは講演先のシカゴから急遽モンゴメリーに駆けつけ、翌日、アバナシーの教会で支援集会を開いた。ところが、白人暴徒はその夜、一千人が集まる教会を取り囲み、投石し、車に火を放ち、今にも教会を焼き払う勢いであった。教会内で、キングは黒人霊歌を皆で歌い、冷静を保つよう参加者を励ましたが、内心はパニック状態で、ロバート・ケネディ司法長官に電話で救援を求めるより他なかった。司法長官が連邦保安部隊を派遣し、アラバマ州知事ジョン・パターソンもしぶしぶ戒厳令を敷いて州兵を派遣するに及んで、白人暴徒はようやく鎮圧され、参加者は翌朝には無事解放された。

その三日後、SCLC、CORE、SNCCは「フリーダム・ライド調整委員会」を設置し、キングはSCLCのあらゆる資源をもって乗車運動を支援すると発表した。乗車を再開した一二名のライダーズは、ミシシッピ州ジャクソンに到着するとたちまち逮捕されたが、保釈より留置所に留まると宣言し、連邦政府が介入するまで乗車を継続する意志を明確に示す。その結果、これ以上の国内騒擾《そうじょう》を回避したいケネディ政権は、州際交通委員会に連邦最高裁判決の実施を命じるに至った。そして、同委員会は、六一年一一月一日より州際交通機関内の全てにおいて人種統合を実施すると宣言したのである。それは、フリーダム・ライドが生み出した具体的な成果だった。

シット・イン運動とフリーダム・ライドは、非暴力直接行動が公民権運動における主要な戦術として開花したことを象徴する出来事である。六〇年から六一年にかけて、主役はSNCCとCOREであり、キングは終始脇役だった。この時期のキングの公民権運動への関わり方は、「率先して変化を生み出す」というより、「変化する状況に対応する」と表現した方が的確である。しかし、シット・イン運動とフリーダム・ライドは、キングにとっても非暴力の戦術面を学ぶ契機となった。すなわち、公民権問題に連邦政府を介入させるには、良心に訴えて改心を促す「説得」に加え、強制力ある「対決」が必要だということである。この学びは、のちに六三年のバーミンガム運動で生かされるが、その前にキングはいちど苦杯を嘗めなければならない。オールバニー運動での敗北である。

第3章
「創造的少数派」の戦術

ドラマの創造．バーミンガム，1963年

第1節　苦杯を嘗める

オールバニーからの電話

ジョージア州南西部にあるオールバニーは、人口五万六千人、うち黒人が四割を占める小都市だった。フリーダム・ライドの結果、州際交通機関は関連諸施設の人種統合実施を六一年一一月一日付で命じていたから、一一月に入ると、SNCCと地元の学生が早速調査を開始する。その後、参加者が交通妨害の罪で逮捕されると、市政に不満を抱く黒人コミュニティを巻き込み、「オールバニー・ムーヴメント」という調整組織が結成された。それは、地元の黒人医師ウィリアム・アンダーソンを中心に、地元指導者、SNCC活動家、NAACP活動家から成る連合体で、公共諸施設の人種隔離撤廃、警官の暴力防止、黒人の陪審参加、黒人の雇用機会の拡大など広範な目標を掲げていた。

アサ・ケリー市長が交渉に応じないなか、一二月までに、市庁舎へのデモ行進者も含め逮捕者は五〇〇名にのぼった。莫大な保釈資金を調達するため、アンダーソンはメディアの注目を集められるキングに支援を依頼する。キングは躊躇した。ＳＣＬＣの体制強化に専念したかったし、地元住民のなかに外部の指導者を嫌う者もいると察していたからである。結局、アンダーソンが正式な招聘電報を送ることで、キングは大衆集会で演説を行うことだけは同意する。六一年一二月、マウント・ザイオン・バプテスト教会に集まった一千人を前に、キングは、「止まってはいけない。進み続けよう」と激励し、聴衆はこの呼びかけに熱狂的に応答する。ところが、興奮したアンダーソンが、聴衆の前で翌日一緒に行進してほしいとキングに頼み込んだところで、歯車が狂い始めた。断りきれないキングは、全く予期せぬ形で巻き込まれることになったのである。

キングに逮捕を言い渡すプリチェット署長．中央はウィリアム・アンダーソン

翌日、市庁舎にデモ行進したキングと二六〇人は、無許可で行進した罪で逮捕される。キングの逮捕はメディアの関心を引き、市当局が非公開で交渉する姿勢を示した。その結果、運動側は、留置者全員の保釈と三〇日間のデモ中止を条件に、両人種による委員会を設置する合意を「口頭で」取り付ける。この報に、キングは「書面が望ましい」

と難色を示したが、運動側代表が問題ないと説明するに及んで一応納得した。キングは保釈金を払って出所すると、大衆集会で演説した後、アトランタに帰った。だが、嫌な予感は的中する。その後、市当局は「合意など存在しない」と取材陣に答えたのである。全国紙は運動側の「敗北」と評した。

深入り

キングがオールバニーを再び訪れたのは七か月後の六二年七月、延期されていた前年一二月の逮捕に対する公判を受けるためであった。キングは有罪となると、世論に訴えるため罰金でなく刑期を務めると言った。ところが、二日後、匿名の人物が罰金を支払ったから出所するよう、キングは命じられる。何とも不可解な出来事に、キングは「不愉快な経験である」と不満を述べて出所し、今後は市当局が運動側との交渉に応じるまで、SCLCは以後、オールバニーの運動に全面的に関与すると宣言した。不可解な出来事で生じたばつの悪い思いからか、当初は消極的であったのが、一転して関与の度合いを深めていくのである。

しかし、出鼻を挫かれる。連邦地裁判事は市当局の申請を認め、デモ行進を準備するキングに対し、デモの一時禁止を命じたのである。キングはこの措置に憤慨したが、これまで連邦裁判所の判決を遵守するよう南部白人に訴えてきた手前、従わざるをえなかった。

三日後、デモ禁止令が解除されると、キングは大衆集会に続き四〇人と市庁舎に向けてデモ行進を開始した。ところが、六〇〇人近い黒人の見物人のなかに、警官に投石する者が出た。全国紙はこれを「黒人側に暴力」と報道した。キングは「悔い改めの日」を設けてデモを一日中止し、非暴力の必要性を周囲に説いて歩いた。その後、キングの再逮捕をきっかけに全国から七五人の宗教指導者が支援に駆け付けるが、結局、市当局との交渉の扉は開かれなかった。逮捕される意志のある地元黒人要員も尽きてしまい、アンダーソンは運動中止を決定し、有権者登録活動に焦点を移すことになった。

確かに、運動側も善戦した。市バスや商店に対するボイコットの結果、経営者側は譲歩の姿勢を示していた。しかし、市当局を交渉に応じさせるまでには至らなかった。結果的に、オールバニーは前年と同様、人種隔離が維持されたままに終わった。モンゴメリーとは異なり、九か月という長期にわたる攻防を制したのは、市当局の側であった。

敗因と教訓

敗因はどこにあったのか。一つは、運動内部の不統一である。以前からNAACPとSNCCとの間に主導権争いがあり、これに呼応して地元の年配者と若者との間に軋轢が生じていた。また、指導者を地元住民のなかに育てたいSNCCは、キングのようなカリスマ的指導者が入って運動を率いるのを嫌った。アンダーソンは、こうした不統一を解消できなかったのである。だが、何よりも、ケリー市長とローリー・プリチェット警察署長の狡知が際立っていた。ケリーは非公式の場では譲歩を匂わし、公的な場ではそれを否定する「二枚舌」戦略で、運動側を翻弄し続けた。キングが長期にわたり刑務所に入ることで世論を敵にまわさないよう、匿名の人物による罰金支払いとキングの強制出所を画策したのも、ケリーだった。さらに、「部外者キング」が去ることを交渉の前提条件と煽り、運動側の結束を切り崩していった。

決定的だったのは、メディアを味方につけたプリチェットの手腕である。彼は、九か月の間、警官の暴力を実質的に消し去ったのである。全国紙は、思慮と自制を効かせてデモ隊を逮捕し、さらに黒人見物人による警官への投石に際しては「非暴力的」に対応したプリチェットを、「白人騎士」と称賛した。その結果、秩序を優先するケネディ政権は、むしろプリチェットの手腕に賛辞を送り、運動側に冷淡な姿勢を取り続けた。

苦杯を嘗めつつも、オールバニーはキングに重要な教訓を与えた。まず、非暴力抵抗の成功には周到な事前準備が不可欠だが、キングは運動内部の軋轢、運動目標、市当局や警察署長の性格に対し、何の予備知識も計画もなく関わってしまった。オールバニーは、結局のところ、六〇年から六二年におけるキングの公民権運動への関わり方、すなわち、「率先して変化を生み出す」ではなく、「変化する状況に対応する」の典型例だったのである。

次に、非暴力直接行動に参加する地元黒人は、せいぜい全体の五%程度だとわかった。というのも、逮捕と投獄は、精神的負担や身体的負担だけでなく、保釈金や裁判費用、白人雇用主による解雇、家族扶養の困難など多大な経済負担をも参加者に課すからである。したがって、「創造的少数派」の戦術、すなわち少数であっても最大限の効果を生み出しうる戦術をあみ出す必要があった。

さらに、メディアは諸刃の剣であると判明した。すなわち、メディアが見守るなかで、南部白人の暴力とデモ隊の非暴力の衝突というドラマが起これば運動側に有利に働くが、それが起こらない、あるいはその逆が起きた場合には、南部白人側に有利に働くのである。したがって、世論を味方につけ、ケネディ政権の介入を導き出したいなら、ドラマを起こせる場所を見つけ出し、デモを行う人員、ルート、時刻など、用意周到に準備する必要があることがわかった。とくに時刻は重要であった。新聞ならば記者が記事を入稿する締切り時間、テレビならばプライムタイムのニュースに載せるのに適した時間帯がある。それらの時間帯を見計らって行動するのである。

オールバニー以降、キングは「率先して変化を生み出す」必要性をますます痛感するようになった。今や非暴力直接行動の最前線にいるのはＳＮＣＣやＣＯＲＥであり、全国紙はオールバニーをキングの「敗北」と書いた。もし自ら計画を立て具体的な成果を得られないなら、周

アンドリュー・ヤング

ジェームズ・ベヴェル

ダイアン・ナッシュ

ジョン・ルイス

SCLCに加わったメンバー

囲はキングを名演説家にすぎないとみなすようになるかもしれない。非暴力の全国的シンボルとしてのキングの名声が陰りはじめる、そのような状況が実際に生まれつつあったのである。

巨人が目を覚ます

しかし、懸念材料だけはなかった。六一年夏から六二年夏にかけて、キングはＳＣＬＣの体制強化に成功しつつあった。常勤も非常勤も含め、有能な活動家たちが加わった。すでに執行委員長として手腕を発揮していたワイアット・ウォーカーに加え、アンドリュー・ヤングが北部の進歩的な超教派組織「全国教会協議会」の青年部執行委員を辞めて交渉担当者となった。

次に、ＳＮＣＣ創設に関わった非暴力活動家が加わった。アトランタのシット・インをキングと行ったバーナード・リーがジョージア州の現地連絡員に、ナッシュヴィル出身者では、ジェームズ・ベヴェルと彼の妻となったダイアン・ナッシュがミシシッピ州の現地連絡員に、そして、ジョン・ルイスがSCLC理事に名を連ねた。こうした活動家は、非暴力抵抗の立案と組織化に力を発揮するだけでなく、SCLCとSNCCとの軋轢を改善する橋渡しになることも期待された。さらに、ナッシュヴィルのC・T・ヴィヴィアンは加盟団体の調整担当者に、ジョージア州サバンナのホゼア・ウィリアムズは有権者登録の担当者に抜擢された。FORのジェームズ・ローソンは、非暴力ワークショップの担当を引き受けた。

こうして、SCLCは幹部一一名に加え、常勤職員七名、現地連絡員六名と体制強化された。キングはSCLCを「眠れる巨人」と比喩的に呼んできたが、ようやく「巨人が目を覚ます」ときが来ていた。

第２節　ドラマの創造

バーミンガムに照準を合わせる

六二年九月のSCLC年次大会と六三年一月の幹部会合を経て、キングは次の闘争地としてアラバマ州バーミンガムに照準を合わせた。折しもアラバマ州では人種主義者ジョージ・ウォレスが州知事に当選し、六三年一月の就任演説で選挙戦のスローガン、「今も人種隔離を、明

「ブル」の異名をもつユージン・コナー(先頭)

日も人種隔離を、永遠に人種隔離を」を再度繰り返し、白人から拍手喝采を受けていた。

ここでバーミンガムに目を転じると、市内にはSCLCの強力な加盟団体「アラバマ・キリスト教人権運動」(ACMHR)があり、議長フレッド・シャトルズワースは再三協力を要請してきていた。キングはここなら主導権を取れる利点があった。加えて、ここには「雄牛(ブル)」の異名を持つ強硬派の公安委員長ユージン・コナーがいた。コナーがデモ隊に圧倒的暴力を振るう公算は大きく、メディアを味方につけるならば、バーミンガム以上に理想的な場所はないといえた。

ただし、裏を返せば、バーミンガムほど危険な都市はない。同市は鉄鋼業を柱とする南部最大の工業都市で、総人口は三五万人、うち黒人は四割を占めていた。高まる公民権活動は市内に変化を生みつつあったが、五六年から六三年にかけて、黒人宅や黒人教会を標的とする未解決の爆破事件は一七を数えた。そのため、バーミンガムは「ボミンガム」「恐怖に陥った都市」と呼ばれていたのである。キングは同僚にこう語った。「もし成功すれば、全国的な人種隔離制度の背骨を打ち砕くことができる」。が、「生きて帰れない者が出るかもしれない」。

目標と戦略

キングは、バーミンガム運動を「プロジェクトC」(Cは「対決」Confrontationの頭文字)と呼んだが、当初の主計画はコナーとの対決ではなかった。バーミンガムは、六二年にこれまでの市行政システムである三人委員会制(三人が行政権を分担する)を止めて市長制(市長一名)に移行することが決まり、来たる六三年三月五日に市長選が予定されていた。この市長選には三人委員会制の行政官の一人コナーも出馬することになっていたが、コナーではなく穏健派候補者の当選が見込まれていたのである。

その場合、ダウンタウンの商店に対する不買行動とシット・インで白人実業界に経済損失を与え、白人実業界をして市当局に圧力をかけさせ、交渉の扉を開く策の方が現実的である。黒人の人口も多く、市政も市経済への依存度が高いため、この策は勝機ありと踏んだ。そこで、キングは抗議開始日を経済損失の効果が最大となるイースター商戦の時期、すなわち三月一四日と決めた。

開始日に向け、事前準備が行われた。作戦本部は、ダウンタウンに近い黒人所有のガストン・モーテルとなった。ウォーカーはピケやデモに関する市条例を調べ、商店を入念に調査して人員投入数の計画書を作成する。ローソンは、ACMHR支持者から募られた二五〇名のデモ志願者を、非暴力ワークショップで徹底的に訓練した。キングは、NAACPやSNCCに手紙を送り支持を取り付ける。その後ニューヨークに飛び、黒人歌手ハリー・ベラフォンテを中心とする支援者に保釈金調達の助力を依頼し、残る時間を保釈金資金調達のための講演にあてた。

誤　算

しかし、誤算はつきものである。まず、三月五日の市長選では得票数で決着がつかず、四月二日にコナーと穏健派アルバート・バウトウェルとが決選投票を行うことになった。そのため、開始日の延期を余儀なくされた。結局、勝者はバウトウェルとなったが、敗者コナーが市政改編前の三人委員会制時代に付与されていた任期が満了する六五年まで監督権を放棄しないと言い立てたため、二つの市政が併存する異例の事態が生まれた。州最高裁による裁定を待っていてはイースター(この年は四月一四日)が終わってしまう。四月三日、キングは商店でのシット・インを開始した。

ところが、その矢先、市内黒人の結束不足が判明する。多数の黒人牧師や黒人実業家は、新市長バウトウェルに機会を与えるべきだと述べ、抗議行動に反対したのである。そのため、キングは一週間をかけて黒人指導者集団と会合し、バウトウェルも所詮「品位あるコナー」に過ぎず、黒人内の結束が必要だと懸命の説得を続けた。その結果、賛同ないし、少なくとも公的な反対を控える同意を取り付けるが、運動は前途多難な様相を呈していた。

もう一つのオールバニーか

シット・イン開始から一〇日、依然として突破口は見えない。大衆集会は毎夜開かれ、歌と祈りと激励演説を通じて士気を高めた後、数日間の勾留を受け入れられる志願者が募られた。しかし、不買行動には協力できても、投獄される覚悟まではない黒人がほとんどだった。そのため、一回のデモ隊は二、三〇人にしかならなかった。他方、コナーはデモ隊を逮捕する際、オールバニーのプリチェット警察署長を真似て自制を効かせ、一時を除き暴力を控えていた。

新たな進展もなく状況が膠着するなか、四月一〇日、州巡回裁判所がデモ行進を一時禁止する。キングは大衆集会で「いよいよ私の番だ」と語り、二日後の聖金曜日にアバナシーと禁止令を破り行進すると宣言した。これに応え、五〇人が行進を志願する。ところが、行進当日の朝になって、保釈資金が底をついたという知らせが届く。一度に多額の資金を調達できるのはキングだけである。しかし、今もしこの場を離れれば行進宣言は嘘となり、キングに対する黒

逮捕されるキングとアバナシー

人の信頼は落ちる。逆に、行進し逮捕されれば保釈金を調達できず、未だ勾留中の一六〇人と今回の五〇人に対する約束、すなわち数日以内に保釈するという約束を破ることになる。どちらを選択しても、悪い結果しか生まない。キングは進退窮まった。

ガストン・モーテルに集まった指導者二四人のなかに、敗北感が漂う。キングは一人別室で祈り、三〇分後に戻ると、自分は良心に従うと告げた。「結果はどうであれ、私は行進しなければならない」と。行進の列に加わったキングとアバナシーは、五〇人の行進者と共に逮捕され、留置所に入れられた。

留置所に入れられた翌朝、ある新聞記事がキングの目を捉える。市内の有力白人聖職者八名が連名で出した声明である。声明は、「よそ者」が「時をわきまえない」デモを開始し、直接行動という「過激な方法」で暴力を煽っていると批判し、デモを即刻中止するよう勧告していた。キングは新聞の余白や便箋を使って長い反論を書いた。後に「バーミンガムの獄中からの手紙」として知られる文章である。

幸い、保釈資金はベラフォンテによる献身的な調達努力が実り、めどがたった。一週間の勾留の後、キングとアバナシーは保釈され、作戦会議に合流した。しかし、その後もデモ志願者は増えず、メディアの関心も薄れ、悪い予感が胸に広がり始める。このままでは、「もう一つのオールバニー」になりかねない。

突破口

窮地を救ったのはベヴェルによる提案だった。十代の子どもをデモの隊列に加えるというアイデアである。ベヴェルはこう主張した。子どもなら失職や扶養の問題に直面せず、かつ大人が行進する場合と同等の効果を生み出せる。そして、多数の子どもが行進に加わることを希望している事実がある、と。

キングは躊躇した。当然である。デモの目的のひとつは、市当局の暴力を誘い出すことにあった。警棒で殴られたり、警察犬をけしかけられたり、催涙弾を浴びることになるかもしれない。最悪の場合、警官は発砲してくる恐れもある。子どもたちを危険にさらすことは、道義的にも許されることではなかった。

だが、キングは条件付きで提案を認めた。親の同意を得ること。デモ行進には大人も加わる

デモの参加者に高圧ホースで水を浴びせる消防士たち

こと。子どもにも非暴力の教えを守らせること。子を持つ父でもあるキングとしては苦渋の決断であっただろう。しかし、事態を打開するためには他に手はないと思われた。募集は早速始められた。

結果的に、これは「吉」と出る。五月二日、一六番通りバプテスト教会には、高校生を中心に一千人もの参加者が集まったのである。五〇の分隊が「自由を」と歌いながら次々出発し、黒人地区と白人地区との境界をなすイングラム公園で六〇〇人が逮捕された。その晩の大衆集会は二千人を超えた。翌日、二五〇人を逮捕後、デモ隊の規模に対応しきれなくなると、コナーはついに本性を現す。「誰がボスか教えてやる」。牙をむく警察犬、服を引き裂くほどの高圧放水、警官の棍棒によって、行進者と見物人を追い散らしたのである。

この瞬間、白人警官の暴力と黒人の子どもの非暴力の「対決」というドラマが生まれた。翌日、全国紙とテレビ局はこぞって、この事件を写真と映像入りで大々的に報道する。全国の視線がバーミンガムに集まった。子どもが参加すれば、それを守ろうと大人も参加する。五月四日から七日にかけて、行進はなおも続いた。

キングはかつて『リベレーション』誌(五九年一〇月号)にこう書いている。組織化された「敵を休ませない」大衆行動に対し、敵は対処法を知らない、と。連日の行進とコナーの対応は、まさにその典型例となった。抑制を欠くコナーと警官隊は一層暴力的になり、逮捕者が二五〇〇人に膨れ上がるなか、北部と世界中から「焼け付くような非難」がバーミンガムに殺到する。ケネディ大統領は写真を見て「吐き気がする」と述べ、仲裁のため司法省の公民権担当補佐官バーク・マーシャルをバーミンガムに派遣した。

勝利

五月七日、マーシャル補佐官が仲裁するなか、白人実業界とバウトウェル市長がしぶしぶ交渉に応じ、一〇日には運動側との間で書面によって次の二つの合意が成立した。(一)デモを中止する代わりに、二週間以内に両人種から成る委員会を設置する。(二)州最高裁の裁定(バウトウェル市政を正当とする判決)後三〇日以内に商店の人種隔離を撤廃し、六〇日以内にしかるべき数の黒人店員を雇用する。勾留者の保釈費用は、全米自動車労働組合(UAW)その他の労働組合による支援でめどがたった。当初の目標である人種隔離の「即時」撤廃は達成できなかったとはいえ、合意文書の手交はSCLCとACMHRの勝利であった。

非暴力直接行動の強み、それは男も女も、年配者も若者も、身体の不自由な者も、そして子どもまでもが参加できるところにある。大衆運動は非暴力だからこそ成立する。バーミンガム運動はそれを証明した。もちろん、キングらが望んだのは「象徴的暴力」の誘発であり、際限のない暴力を呼び起こすことではない。デモ隊の身の危険が著しく高まったり、黒人の見物人が投石し暴動に発展しそうな危険を読み取れば、即座に拡声器で退却や解散を指示し、行進の統制を試みた。この規律のとれた戦術的な行動こそ、キングたちの非暴力直接行動の真髄だったのである。

「バーミンガムの獄中からの手紙」

勾留中にキングが執筆した「バーミンガムの獄中からの手紙」は、独房の中で新聞の余白や便箋に反論を書きため、弁護士を通じてタイプさせ、それをキングが校閲するの繰り返しで完成した。手紙は『クリスチャン・センチュリー』誌に掲載(六三年六月)後、北部の主流教派内で何万部も刷られ、キングの著書『黒人はなぜ待てないか』(六四年)にも採録された。

実に、この手紙は、世論を味方につける目的で、幅広い読者を想定して書かれたものだった。手紙は、公民権運動と非暴力直接行動の正当性を明快に論じているが、その構成から、キングが非暴力の二側面、すなわち「強制」と「説得」の両方を重視し実践していることを確認できる。まず、手紙の前半では、非暴力直接行動は強制、すなわち交渉を拒む市当局を交渉に応じさせるための対決方法であると説明する。キングはこう書く。

非暴力直接行動が求めているのは、交渉を絶えず拒否してきた共同体が、提起されている争点と対決せざるをえないような危機を作り出し、緊張を生み出すことなのです。つまり、もはや争点を無視できないような状況を、劇的に提示してみせることです。(中略)事態の進展のために必要な、建設的な非暴力的緊張というものがあるのです。(中略)私たちは痛ましい経験を通して、自由は決して抑圧者から自発的に与えられるものではないことを知っています。それは、被抑圧者が要求しなければならないものなのです。

次に、手紙の後半では、読み手の良心に訴え、道徳的羞恥心を芽生えさせる「説得」の方法を用いる。これは、南部の白人穏健派と白人牧師の指導力に対する失望を綴ることで行われる。黒人の大義を認めると言いつつ適切な時期まで「待て」と勧告する白人穏健派に対する失望を、キングはこう書く。

自由への大いなる歩みにおける黒人の大いなるつまずきの石は、白人市民会議やクー・クラックス・クランの人々ではなくて、むしろ正義よりも「秩序」に献身している白人穏健派であるという悲しむべき結論に、私はほとんど到達しています。(中略)善意の人々からの薄っぺらな理解は、悪意の人々からの絶対的誤解よりもいらだちを感じます。

同様に、人種問題は社会問題であり、福音とは関係ないと沈黙し、結局のところ現状維持に加担してきた白人牧師と白人教会に対する嘆きを、キングはこう書く。

私は教会をキリストの体だと思っています。しかし、ああ、私たちは社会的問題の無視によって、また非順応者になることの恐れから、どんなにその体を汚し、傷つけてきたことでしょう。

しかし、この手紙が単なる糾弾と失望に終わらないよう、一部の例外的な南部白人の勇敢な行動も賞賛し、またアメリカの建国理念が自由である限り黒人の自由運動を押しとどめることはできない点を強調しつつ、失望を希望に結び付けて筆をおく。

キングは、「説得」がほとんど通じないであろう白人人種主義者に対しては力の対決、すなわち「強制」を用いる。他方、良心に訴える「説得」も捨ててはいない。なぜなら、それにより味方になり得る潜在的な勢力、すなわち一部の南部白人、北部の白人世論や白人宗教指導者層などが存在するためである。非暴力における二つの側面、すなわち強制と説得の両方をキングが必要と捉え実践したこと、それがこの手紙の構成からわかることである。

非暴力か、それとも暴力か

「バーミンガムの獄中からの手紙」の中でもう一つ注目しておきたいのは、キングが非暴力と暴力との関係について書く部分である。

とにかく黒人は多くの閉じ込められた憤懣と潜在的な欲求不満とを持っており、それを解放しなければなりません。ですから行進させましょう。(中略)もし抑圧された感情が非暴力的方法で解放されなければ、その感情は暴力を通して表現されていくでしょう。これは脅しではなく歴史の事実です。ですから私は黒人同胞に向かって「あなたがたの不満を取り除け」と言ったことはありません。むしろこの正常で健全な不満は非暴力直接行動という創造的はけ口へと導くことができると言ってきました。

ここに示されているのは、黒人による非暴力の採用をむしろ例外的現象と見るキングの客観的理解である。裏を返せば、キングの念頭には、白人の暴力に対する黒人の対応原則は「自衛」である、という認識があったことを示している。大多数の黒人は非暴力を、それが成果を生む限りにおいて、戦術として受け入れている。したがって、もし「非暴力直接行動という創造的はけ口」を白人側が拒絶し続けるならば、たとえ自分が非暴力を説き続けたとしても黒人の暴力による自衛への回帰は避けられないだろうと考えていた。

黒人は不満に蓋をせよなどという考えは、キングにはまったくない。なぜなら、それは「正常で健全」な不満だからである。したがって、白人側に開かれた選択肢は、「非暴力による創造的はけ口」を認めるか、暴力による自衛を許すかの二つであり、キングは非暴力が生み出す対話の道を選択するよう迫る。このように、黒人の健全な不満の発露として非暴力直接行動を説くキングの毅然たる姿勢のなかに、穏健的要素は認められない。その姿勢は「戦闘的」そのものである。だからこそ、南部の白人はキングを「過激主義者」とみなしたのである。

第3節　ワシントン行進

公民権法の要請

バーミンガム運動の意義は、市内の人種隔離撤廃に向けて一定の成果を挙げただけに留まらなかった。結果的に全国的影響を持ったところに、もう一つの意義があった。グレッグの『非暴力の力』に照らせば、バーミンガム運動は非暴力に固有の「柔術的メカニズム」を全国レベルで起動させることに成功したのである。すなわち、「敵の暴力でもって敵を制す」である。

それは、この先の展開が裏付ける。バーミンガムでは、合意成立後に暴力はむしろ増大していた。合意を白人実業界による裏切りと憤る白人勢力が、キングらの拠点ガストン・モーテルを爆破した。犠牲者は出なかったが、現場では黒人と警官が衝突し暴動寸前となる。この機に乗じてアラバマ州知事ウォレスは州兵を送り弾圧に乗り出すが、これが裏目に出た。メディアは大々的に報じ、世論圧力も増幅する。翌日にはケネディ大統領自身が介入し、合意を破壊する暴力は許さないとして、州兵を連邦軍に編入して大統領の指揮下に置き、連邦正規軍をバーミンガム近郊に待機させ事態を収束させた。

バーミンガムでの白人の暴力的反応は、南部各地の黒人を一層結集させる逆効果も生んだ。その後一〇週以内に、一八六の都市で七五八件の非暴力デモが連鎖的に発生したのである。今や世論は完全に黒人の側についた。各地で白人警官や人種主義勢力がデモ隊に暴力を振るい続ければ、連邦政府への世論圧力はそれだけ増幅する。大統領の決断に注目が集まった。

決断のきっかけは、ウォレス知事が作り出した。知事は自らアラバマ大学の入口に立ち、連邦最高裁判所命令を「州権への不当介入」と非難した上で、入学を試みる黒人学生二人を阻止する挙に出たのである。これに対してケネディは、行政命令を発して学生の入学を守るとともに、その数時間後、全国放送のテレビ演説を通じて次のように述べ、新たな公民権法の立法化を議会に求めると約束した。

テレビ演説を通じて公民権法の立法化を議会に求めると約束するケネディ大統領

今やこの国が約束を果たすときが来ています。バーミンガムと他のいたる場所で平等を求める声は強まり、もはやいかなる市や州も立法部も用心深くなってそれらを無視する道を選ぶことはできません。(中略)したがって、私たちは一つの国として、一人の人間として、道徳的危機に直面しているのです。警察の抑圧的行動によってそれに対応することはできません。街頭で増大するデモに任せておくこともできません。おしるし程度の処置や対話でそれを鎮めることもできません。今や行動するときであり、それは連邦議会において、州と地元の立法部において、そして何より私たちの日常生活においてなのです。

ケネディの公民権法立法化の要請には、もちろん政治的考慮が強く働いている。暴動による治安悪化は、米国の国際的威信を傷つけるだけだからである。しかし、ケネディのそれまでの消極的姿勢を一八〇度転換させたのは、世論による圧力であったことは間違いない。こうして、人種隔離制度を死守せんと暴力を振るう南部白人は、自らの暴力ゆえに、人種隔離制度を崩壊させることになったのである。

仕事と自由のためのワシントン行進

バーミンガム運動の「勝利」により、キングは非暴力と公民権運動の全国的シンボルとしての名声を回復する。『タイム』(六四年一月)誌は、再びキングを「その年(六三年)の人」に選んだ。黒人の高まる自由への機運、世論の支持、連邦政府の支持の三つが同一の軌道に乗るという、未だかつてないこの好機を逃すことなく、建設的な変化につなげるにはどうすればよいか。これがこの時キングに与えられた課題であった。そして、その課題に対する一つの試みが、一九六三年八月二八日の「ワシントン行進」に結実することとなる。

ワシントン行進の発案者は、老練活動家フィリップ・ランドルフである。六二年五月、黒人の失業問題に関する会談要請をケネディ大統領に拒否されると、ランドルフは同年末にこの計

正式名称を「仕事と自由のためのワシントン行進」というように，さまざまな要求を掲げるプラカードが並び立っている

画を検討し始める。他方、キングも、ケネディ大統領が「第二の解放宣言」を出さなければ、首都ワシントンでの抗議行動が必要だと唱えてきた。バーミンガム運動に区切りがついた六三年五月、キングはランドルフに合流する意志を伝え、計画が動きだす。

こうした経緯から、ワシントン行進の当初の目標は平等な経済機会の要求であった。キングもランドルフも、経済的剝奪によって多くの黒人が貧しいままなら、公共施設の隔離撤廃の恩恵は黒人中産階級に限られると認識していたからである。まもなく、ＳＮＣＣ、ＣＯＲＥ、ＮＡＡＣＰ、ＮＵＬ(全国都市同盟)も、意見の相違をすり合わせ、計画に賛同する。とりわけ、ケネディ大統領のテレビ演説の翌日、ミシシッピの公民権活動家メドガー・エヴァーズが白人暴徒に自宅前で射殺される痛ましい事件が起きたことで、公民権諸団体の結束は一層強まった。

その後、約束通りケネディが公民権法の立法化を議会に要請した結果、行進の目標には公民権法の早期成立の要求も加えられた。しかし、正式名称「仕事と自由のためのワシントン行進」が示すように、二つの目標は同じ重みを持っていたのである。

六三年八月二八日、ワシントン記念塔前には、予想をはるかに超える二〇万人以上が全国から集まっていた。白人はその四分の一を占めた。午後一時、参加者は運営側が準備したプラカードを掲げ、そこから「フリーダム」を連呼しながらリンカーン記念堂まで行進する。プラカードには、「今こそ自由を」「平等の権利を」「投票権を」「仕事を」「統合教育を」「警官の暴力停止を」「まともな住宅を」と書かれていた。人種隔離撤廃以上の要求が掲げられていた証拠である。

集会は国歌と実行委員長ランドルフの開会の辞に始まり、諸々の演説と演奏は熱烈な応答を引き起こした。冒頭の「自由を目指す黒人女性闘士への賛辞」では、デイジー・ベイツ、ダイアン・ナッシュ、ローザ・パークス、マイアリー・エヴァーズ（メドガーの妻）など黒人女性活動家六名の貢献が称えられた。五七年にアーカンソー州リトルロックで黒人高校生九名のセントラル高校入学を支援したベイツが代表で演説し、ランドルフやキングが掲げる大義に「この国の女性として協力することを誓い」「自由になるまで歩き続ける」と語った。ベイツは集会で演説した唯一の女性で、演説も一分間と短かかった。しかし、ベイツの登壇は非暴力運動における女性の役割の大きさを垣間見せる場面となった。

つづいて「全国教会協議会」のユージン・ブレイク、SNCCのジョン・ルイス、UAWのウォルター・ルーサー、COREのジェームズ・ファーマー（獄中からメッセージを寄せる）、NULのホイットニー・ヤング、「人種間正義全国カトリック会議」のマシュー・アマン、NAACPのロイ・ウィルキンズ、「全米ユダヤ人会議」のジョーチム・プリンツが、熱気に包まれるなか、順番に持ち時間八分程度の演説を終えた。それぞれ力点は異なったが、皆がプラカードに書かれているメッセージと非暴力への献身を語った。

そして、最後の演説者としてキングが登壇した。それは、バーミングガム運動以降、キングが公民権運動の第一人者とみなされたことの証であった。

「私には夢がある」

後に「私には夢がある」I Have a Dream 演説として知られるキングの演説は、もし準備原稿通りに読んでいれば一一分ほどで終わっていたはずで、他の演説者の内容と比較して、特段際立った演説とはならなかったであろう。ところが、キングは準備原稿を読み終えようというところで、ふいに思い立ち、さらに五分間のアドリブを加えた。その五分に及ぶアドリブが、この演説を歴史的演説に押し上げることになる。

最初の一一分間は、これまでの登壇者のメッセージを集約的に語るものである。リンカーン像を背景に、キングはこう述べる。奴隷解放宣言から一〇〇年経った今も、黒人は人種差別と貧困に置かれ自由ではない。この行進は、「この恥ずべき状況を劇的に描き出すため」のものである。「黒人の正当な不満」に対し、もはや「冷却期間」や「漸進主義」を口にするときではない。「一九六三年は終わりではなく始まり」であり、「黒人に公民権が保障されるまでは、アメリカには休息も沈静もない」。そして続ける。

しかし、私たちは、自由を目指す運動を「物理的暴力に堕落させる」ことなく、非暴力という「尊厳と規律の高みで進めていかなければならない」。決して、白人全体に対する不信感に陥らないようにしよう。非暴力運動に身を投じてきた人々は、引き続き「自ら招かざる不当な苦難は贖罪の力がある」という信念を持ち続けていこう。

ここまでほぼ原稿通りに読み、一一分が経った。そのまま原稿通り続ければ、この後に「この信念〈贖罪信仰〉をもってすれば、絶望の山から希望の石を切り出すことができる」、そして「手に手をとって「ついに自由になった」と歌えるまで」行進し続けよう、と結んで終わることになる。

キングによる「私には夢がある」演説

鳴り響く自由の鐘

しかし、キングの回想によれば、当日の聴衆の反応が素晴らしく、以前に何度か使用したことのある「私には夢がある」のフレーズを使いたくなり、原稿を離れたという。それからの五分間は、「呼びかけと応答」「リズムと反復」「音階的抑揚」の三つを特徴に持つ、演説というよりむしろ黒人教会における説教そのものであった。キングが描いたのは、未来において人々の魂が救済され、アメリカが自由の地として再生されるという「和解のヴィジョン」である。そして、キングの声と語りには、その和解のヴィジョンを聴衆すべてに疑似体験させるだけの力があった。

私たちは今日も明日もさまざまな困難に直面するでしょうが、それでもなお、私には夢があります。(そうです *Yes*)　それはアメリカの夢に深く根差している夢です。私には夢があ

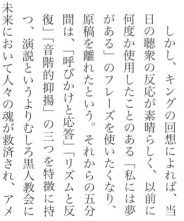

ります。それは、いつの日か（そうです Yes）この国は立ち上がり、「われらは、これらの真理を自明のものと信ずる。すなわち、すべての人間は平等に造られている」という、この国の信条を生き抜くようになるだろうという夢です。（そうです Yes）［拍手］（中略）私には夢があります。（なるほど well）［拍手］それは、いつの日か自分の四人の小さな子どもたちが、皮膚の色によってではなく、人格の中身によって評価される国に住むようになるであろうという夢です。（わが主よ My lord）私には夢があるのです。［拍手］

音階的抑揚を伴う「私には夢がある」のリズミカルな反復により、キングと聴衆の呼応（コール・アンド・レスポンス）は一段と強まる。そして、キングが、アメリカの第二の国歌ともいえる〈わが祖国〉に登場する「自由の鐘」のフレーズを使ったとき、聴衆の視覚と聴覚の中では、アメリカ中で自由の鐘が鳴り響いていた。

もしアメリカが偉大な国になるべきだとしたら、このことが真実にならなければなりません。ですからニューハンプシャーの巨大な丘の上から自由の鐘を鳴り響かせましょう。（そうです Yes）ニューヨークの巨大な山々から自由の鐘を鳴り響かせましょう。（そうです、その通り Yes, That's right）（中略）ただそれだけではありません。ジョージアのストーンマウンテンからも自由の鐘を鳴り響かせましょう。（そうです Yes）テネシーのルックアウトマウンテンからも自由の鐘を鳴り響かせましょう。（そうです Yes）（中略）そしてすべての山腹から自由の鐘を鳴り響かせましょう。［拍手］

最後にキングは、次の黒人霊歌を歌うのは、アメリカの歴史の中で最も虐げられてきた黒人だけでなく、すべての人間であるという包括的な和解のヴィジョンをもって、演説を結ぶ。

私たちがすべての村や集落、すべての州や町から自由の鐘を鳴り響かせるとき、（そうです Yes）［拍手が続く］そのときこそ私たちは、黒人も白人も、ユダヤ人も異邦人も、プロテスタントもカトリックも、すべての神の子たちが手に手を取って、あの古い黒人霊歌を口ずさむことができる日を、早めることができるのです。「ついに自由になった。（そうです Yes）ついに自由になった。全能の神に感謝します。私たちはついに自由になった」［拍手喝采］

万雷の拍手がいつまでも鳴りやまない。コレッタはこう回想する。「少しの間、あたかも神の国が地上に出現したかのようだった」。

その後、ラスティンがケネディ政権に提出する要求項目を一つ一つ読み上げた。公民権法通過、人種差別する事業への連邦助成の停止、隔離教育撤廃、合衆国修正第一四条の徹底、連邦助成住宅での差別を禁止する行政命令、全ての市民への職業訓練と雇用、最低賃金の引上げ、すべての市民への市民権確保である。聴衆は承認の歓声で応えた。最後に、ランドルフが全てのアメリカ人が仕事と自由を得られるまで、非暴力による行動を続けると誓約を読み上げ、聴衆も「誓約する」と返した。こうしてワシントン行進は幕を閉じた。

新たな幕開け

ワシントン行進は、公民権運動の頂点を成した。行進は首都ワシントンで行われたアメリカ史上最大規模となったのみならず、行進の模様はテレビとラジオを通じて全国と世界の何百万もの人々に届けられた。威厳に満ちた黒人指導者たちの演説と白人宗教指導者たちの道徳的視点からの演説を通じて、公民権運動の正当性は揺るぎないものとなった。

ワシントン行進はまた、非暴力運動が集団的努力の賜物であることを示していた。行進は、非暴力を生き方とするにせよ、戦術として受け入れるにせよ、これを有効と信じ実践してきた活動家により組織されてきた。参加者には、非暴力に身を投じてきた男女、若者と年配者、黒人と白人が多数含まれていた。公民権運動に非暴力的性格を付与してきたのは、そして非暴力運動を連邦政府をも動かす力にまで高めたのは、キングら一部の指導者だけでなく、実に無数の無名の人々に他ならなかった。この行進はそれを象徴的に示したのである。

ワシントン行進はさらに、公民権運動の目標が六三年夏に一つの移行期を迎えつつあったことも示した。ケネディ政権と世論は、行進を公民権法と関連づけて理解する傾向にあったが、活動家は目標に公民権法以上のもの、すなわち北部も視野に入れた雇用や住宅など、経済正義の要求をも含め始めていた。ワシントン行進は、これまでの公民権運動の頂点を成す出来事であったと同時に、経済正義という一層実現が困難な領域に分け入る幕開けをも告げる出来事だったのである。

第4節　忍び寄る暗雲

重なる悲劇

ワシントン行進の成功は、キングにかつてない高揚感をもたらした。しかし、そのわずか二週間後、「夢」は粉砕される。バーミンガム運動の拠点だった一六番通りバプテスト教会が爆破され、黒人の少女四人が犠牲になったのである。非暴力の柔術的メカニズムは全国レベルで起動しはじめたが、白人の暴力が止む気配はなかった。

キングは、合同葬儀の告別の辞で遺族を慰めながら、こう述べた。少女たちの死を報復的暴力で汚してはならない。少女たちの無辜なる血はバーミンガムを再生させる「贖罪の力」を持ったと言えるよう、私たちは揺るぎない決意で闘い続けよう。

爆破された16番通りバプテスト教会

だが、悲劇は重なる。一一月二二日、テキサス州ダラスで遊説中のケネディ大統領が暗殺されたのである。自宅のテレビで訃報に接したキングは衝撃を受け、沈黙し、それからコレッタにこう言った。「これはじきに僕にも起こるよ」。キングの喪失感は、ケネディの指導力を再評価し始めた矢先であっただけに、なおさら大きかった。これで法案の行方は不透明になったかに思われた。

しかし、副大統領から昇格したリンドン・ジョンソン大統領は、思わぬ指導力を発揮した。彼は連邦議会に対し、ケネディの遺志を継いで、公民権法の早期成立を最優先するよう要請した。また、黒人指導者と個別会談し、議員に対し強力なロビー活動を行うよう励ました。ジョンソン大統領と会談を終えたキングは、取材陣に「大統領の意識のあり方と理解の深さに感銘した」と答えている。

一九六四年公民権法

法案通過は決して容易ではなかった。南部選出の議員と中西部の保守派議員の反対が予想されたからである。しかし、バーミンガム運動とワシントン行進を経て形成された世論圧力は、中西部の保守派議員の中に法案賛成への転向者を出す。キングは、六四年の五、六月にフロリダ州セント・オーガスティンの運動を支援し、地元の目標に道筋をつけると同時に、公民権法成立に向けた世論の強化を試みる。こうした院外圧力の結果、法案は下院、次に上院を通過し、七月二日、ジョンソン大統領の署名により成立する。

六四年公民権法は、ケネディの原案より強化された形で、再建期以来の最も包括的な立法となった。それは一一項目から成り、投票上の平等な扱い、公共施設での差別禁止、公教育での差別禁止、連邦助成事業での差別禁止、雇用機会の平等などを規定し、差別事件に対し訴訟を起こす権限を司法長官に付与するなど、連邦政府の介入権限を強化するものであった。南部の法的人種隔離制度はここに崩壊する。その意義は決して小さくなかった。

ジョンソン大統領は、署名式後、キングを含む黒人指導者と会談し、これで今後デモは不要となろうと述べた。しかし、キングの見解は違った。公民権法の画期性を踏まえつつも、これは第一歩に過ぎないと考えていたからである。投票上の平等な扱いも、連邦登録官の派遣条項を欠いているため効果は限定的であるし、同立法は住宅差別や貧困、すなわち「恵まれない人々の権利」を扱っていない。したがって、今後は有権者登録と経済正義への取り組みを加速させる必要がある、と見ていた。六四年一一月が大統領選挙の年でもあることを念頭に置き、キングはこれら二つの課題のうち、当面は有権者登録活動に重点を置くことにした。

ノーベル平和賞

資金調達の講演、ミシシッピの有権者登録活動(「フリーダム・サマー計画」)の支援、エベネザー教会の共同牧師の仕事、そして著書『黒人はなぜ待てないか』の執筆など多忙を極めたキングは、六四年一〇月、過労のためアトランタの病院に数日入院することになった。その時、ベッドで横になっていたキングの耳元に、嬉しい知らせが舞い込んだ。ノーベル平和賞の授賞である。非暴力運動に対する国際的承認を意味するこの授賞は、消耗状態のキングには何よりの治療薬となった。

一二月一〇日、ノルウェーのオスロでの授賞式講演で、キングはこう述べた。この賞は公民権運動に関わってきた全ての人々が獲得したものである。そして、この賞には非暴力こそが社会変革の答えであることを「全面的に承認する」意味が込められていると考える、と。キングは、賞金五万四千ドル全額を、公民権諸団体と関連する特別基金に寄付した。

授賞式の翌日にオスロ大学で行われた五二分間の講演は、キングの関心が公民権問題を超え出ていることを示すものとなった。牧師として人種的不正義、貧困、戦争を克服する福音を説教することは、大学院以来のキングの夢であった。ノーベル平和賞受賞は、キングが三大問題の克服を非暴力と結びつけ、世界に向けて語れる地位を獲得したことを意味していた。

キングは力説する。世界と国内で、「今や貧困に対する全面戦争に突入すべきである」。核兵器による人類滅亡の脅威の中では、「非暴力の哲学と戦略がただちに、諸国家間の関係を含むあらゆる分野の人間の争いにおける研究主題、および真剣な実験主題になるべきである」。私たちは「世界という家」を受け継いでおり、もはや誰も分かれて住むことはできないのだから、「平和にお互い同士が生きていくことを、どうにかして学びとらなければならない」[強調―筆者]。

FBIによる脅迫

光が明るければ明るいほど、影は濃くなる。同じ時期、キングは忍び寄る新たな脅威を感じるようになっていた。国家権力による暴力、すなわちFBI(連邦捜査局)による脅迫である。赤狩りで恐れられたJ・エドガー・フーバーは、当時もまだFBI長官として現役であった。フーバーは、国家安全保障上の脅威とみなされる共産主義者や反体制主義者に対する捜査において、広範な独裁的権限を確保してきた。反共主義者で人種偏見の強いフーバーは、五六年に公民権運動への共産主義者の影響を捜査する「対敵諜報活動」を開始していた。

ＦＢＩがキングの監視を始めたのは五六年、本格化するのは六二年、キングの助言者のひとりにスタンレイ・レヴィソンがいると知ってからである。レヴィソンはかつて米国共産党と繋がりがあり、ＦＢＩのマークする人物であった。ただし、レヴィソンと同党との関係は五五年までには完全に切れており、ＦＢＩもそれを認識していた。六三年夏のワシントン行進に際しても、ＦＢＩの担当官はキングと行進に対する「共産主義の浸透」は認められないと報告している。

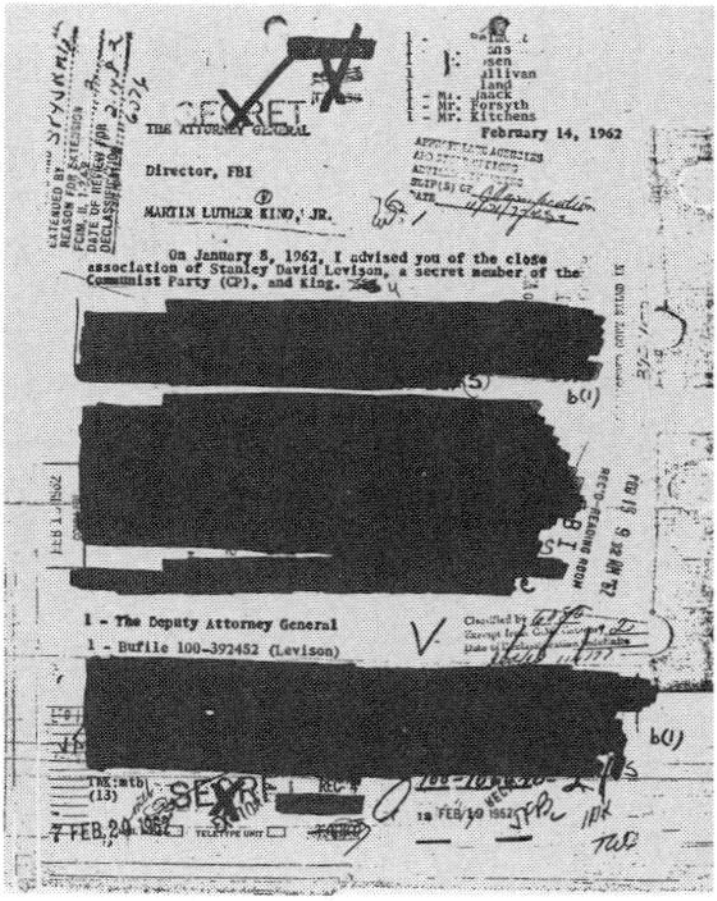
SECRET
THE ATTORNEY GENERAL
February 14, 1962
Director, FBI
MARTIN LUTHER KING, JR.
On January 8, 1962, I advised you of the close association of Stanley David Levison, a secret member of the Communist Party (CP), and King.
[redacted]
b(1)
1 - The Deputy Attorney General
1 - Bufile 100-392452 (Levison)
[redacted]
b(1)
SECRET
FEB 20 1962

フーバーFBI長官からロバート・ケネディ司法長官宛ての報告書

ところが、フーバーはこれらの事実を歪曲してロバート・ケネディ司法長官に伝え、キングは共産主義者に操られていると説き続けた。キングに疑いの目を向けるに至ったロバート・ケネディは、六三年一〇月、キングの自宅とＳＣＬＣ本部への盗聴を許可する。フーバーはさらに盗聴の範囲を無制限に拡大し、二年半もの間、キングの宿泊先にまで盗聴器を仕掛けて監視させた。しかし、共産主義との繋がりを示す証拠は見つからない。そこでFBIは、キングの私生活に関心を移す。公開されたFBIの監視報告書によれば、膨大な盗聴記録には、複数の女性関係を示唆するもの、キングが時おり口にする卑猥な冗談などが含まれている。

フーバーのキングに対する執拗な敵意の真意は定かではない。しかし、こうした「記録」を利用して、必要と判断すればキングを社会的に抹殺しようと企てていたことは間違いない。膨大な盗聴音声記録は、米国立公文書記録管理局で二〇二七年まで機密指定を受けているが、その他にも近年全文が明らかにされたFBIによる脅迫状といわれる文書が存在する。

キングは公民権運動の指導者となって以来、つねに身の危険を感じながら生きてきた。FBIという巨大組織による暴力が、この時期からさらに彼の心に暗い影を落としていたと考えられる。

投票権法獲得に向けて

六四年の大統領選挙では、現職のリンドン・ジョンソンが地滑り的勝利を収めた。キングはこれを、共和党バリー・ゴールドウォーターの唱える公民権法反対論を、世論が否定した象徴的な出来事と捉えた。ただし、ゴールドウォーターは、出身州アリゾナと深南部五州を制した。

それは従来、民主党の堅固な地盤であった深南部において、白人はもはやケネディ＝ジョンソン路線を支持していないという意思表示であった。この結果は、黒人の有権者登録を保障する投票権法の獲得が必要というキングの認識を強める。その認識は、六四年夏にミシシッピ州の「フリーダム・サマー計画」と「ミシシッピ・フリーダム民主党」の挑戦を支援した経験を踏まえたとき、一層強まっていた。

六四年夏にSNCCは、他の公民権団体と地元組織と連携して「連合組織会議」(COFO)を結成し、多数の北部白人学生の協力を得て、有権者登録活動を行うフリーダム・サマー計画を実行する。しかし、黒人の投票を保護する投票権法がないため、活動家と地元黒人住民は、地元白人の凄まじい抵抗に遭う。活動開始から早々、三人の活動家(黒人一人と白人二人)が消息を絶った。六月から一〇月の間、逮捕者は千人、黒人教会と家屋の爆破や焼き討ちは各三〇件以上、殺された者は八名にのぼった。消息不明だった三人は遺体で発見された。同郡の保安官と保安官代理を含むKKKによる犯行である。一万七千人の黒人住民が有権者登録を試みたことは成果だったが、登録できたのは一六〇〇人に留まった。

COFOはまた、地元白人からの執拗な嫌がらせを受けながらも、「ミシシッピ・フリーダム民主党」(MFDP)を結成する。MFDPは、六四年大統領選挙を前に、民主党全国党大会にミシシッピ代表として参加するための正式な代表権の獲得を目指した。これまで代表権を得てきた「ミシシッピ公認民主党」は、黒人を排除する差別的な代表団で、ケネディ＝ジョンソン路線にも反発していた。そこで、ＭＦＤＰは、人種平等、民主党全国綱領への忠誠、民主党大統領候補の全面支持を誓い、自分たちこそミシシッピの正式な代表権を得る資格があると訴えたのである。

しかし、結果は期待を裏切るものとなった。ＭＦＤＰを認めれば南部白人票を失いかねないと危惧するジョンソン大統領の意向に沿って、資格審査委員会はミシシッピ公認民主党には忠誠宣誓を条件に全議席を認め、ＭＦＤＰには名誉的に二議席を認める措置をとる。いわば、道徳的考慮より政治的考慮を優先させたのである。ＭＦＤＰの挫折は、主力を担ったＳＮＣＣ活動家の中に、アメリカ民主主義に対する絶望感、連邦政府への敵意、白人リベラルとの連携に対する強い不信感を醸成する結果となった。キングは、ＳＮＣＣ活動家の挫折感に理解を示すと同時に、黒人票を無視できない政治力まで高めるため、投票権法の獲得が必要であるとさらに強く認識するようになる。

第4章
非暴力に対する挑戦

ワッツ暴動．ロサンゼルス，1965年

第1節　アラバマ・プロジェクト

連邦政府は圧力なくして動かない

六四年大統領選挙が終わると、キングはSCLC幹部会合を開き、ジェームズ・ベヴェルの提案に沿って、次の目標をアラバマ州での有権者登録活動と投票権法獲得に据える。「アラバマ・プロジェクト」である。キングは同僚の調査報告をつぶさに検討し、次なる運動の地をダラス郡の郡庁所在地セルマに、開始日を翌六五年一月二日に決めた。セルマ選定に際し、人種偏見と暴力性にかけては札付きの郡保安官ジェームズ・クラークの存在も利点と見た。

セルマでは、「ダラス郡投票連盟」(一九三三年創設)が有権者登録活動に携わってきた。六二年、創設者の一人アメリア・ボイントンがSNCCとSCLCに支援を求めると、まずSNCCが応えた。しかし、状況は改善せず、六四年七月、郡判事が公民権に関わる集会を禁止するに及んで、SNCCの活動は低下する。そこで、同連盟会長フレデリック・リースは新たな活力をもたらそうと、SCLCに正式な支援要請をしたのである。

状況が改善しない理由は、深南部の他の場所と同じだった。有権者登録を試みる黒人への脅迫、月に二日しか開かない登録事務所、白人は無学でも合格するが黒人は高学歴者でも合格しない、州任命登録官による「識字テスト」の恣意的運用である。その結果、白人一万三千人に対し黒人一万四五〇〇人を擁するセルマで登録できた黒人は、三〇〇人に満たなかった。

したがって、この問題の解決には、連邦登録官を派遣する権限を連邦政府に付与する投票権法が不可欠となる。ところが、ジョンソン大統領はノーベル平和賞受賞を祝福するためキングと面会した際、六四年公民権法の成立直後を理由に、投票権法は必要と考えるが、その実現は六五年ではないと返答した。連邦政府は圧力なくして動かない。これがキングの結論となる。

セルマ

キングのセルマ入りを嫌うジェーゼフ・スミサマン市長は、キングの関心を他の場所に向けさせようと、「対決」を生まない努力をする。市の公安監督には、黒人が郡判事の禁止命令に背き大衆集会を開いても逮捕しないよう根回しし、クラーク郡保安官にも自制を求めた。

しかし、クラークの自制は二週間で尽きる。郡裁判所前で列を成す黒人を暴力的に逮捕し始めたのである。とりわけ、ボイントン夫人の襟を摑んで乱暴に追い立てる光景は、全国的な非難を呼んだ。キングも、世論の注目を集めるため、行進隊を率いて逮捕されると、同僚に指示して『ニューヨーク・タイムズ』紙(六五年二月五日)に「アラバマ州セルマの獄中からの手紙」を掲載し、「有権者登録名簿にある数より多くの黒人が、私と留置所にいる」と訴えた。出所したキングは、アラバマ・プロジェクトに沿って活動地域を拡大すると宣言した。

ところが、二月一八日、隣接するペリー郡マリオンで予想外の出来事が発生する。SCLCが夜の大衆集会と行進を行った際、参加者と取材記者を、地元と州の警官が白人暴徒と共に襲ったのである。参加者の一部がカフェに避難すると、警官はなおも追いかけ、黒人青年ジミー・リー・ジャクソンを銃で撃った。彼は八日後に病院で息絶えた。

一連の「蛮行」に報道機関は憤慨し、ジャクソンの死に黒人は怒った。その死を無駄にせず、投票権法獲得の争点を見失わず、黒人の怒りを建設的な力に変えるにはどうすればよいか。キングは、マリオンの活動家の提案を採用し、ウォレス州知事に責任を問う意味を込めて、セルマからアラバマ州議会議事堂のあるモンゴメリーまでデモ行進することに決めた。

「血の日曜日」

ウォレス州知事が行進禁止を命じたため、行進阻止は確実だった。だが、その日が「血の日曜日」になると誰が想像したろう。マリオンでの蛮行に全国の非難が集まった矢先である。キング自身も、せいぜい警官による逮捕程度までだろうと予想していた。キングはこの時、暗殺計画の知らせを受けており、またアトランタのエベネザー教会での礼拝執行があったため、同僚の助言に従い参加を取りやめていた。

三月七日、ブラウン・チャペルAME教会での大衆集会の後、六〇〇人が二列縦隊で出発する。六ブロック歩き、エドマンド・ペタス橋を渡り始めた。その先が、モンゴメリーに通じるハイウェイ八〇号線である。ペタス橋を渡り終えると、行進隊は道路四車線分を埋め尽くす州警官隊とクラークの保安隊と対峙した。

州警官隊長は行進解散を命じ、行進隊との話し合いを拒否した。そして次の瞬間、号令と共に警官隊はガスマスクを装着して前進し、催涙弾を放ち、参加者を警棒で殴り、押し倒し、追い散らし始めたのである。周囲には催涙ガスが立ち込め、悲鳴と混乱が埋め尽くす。参加者は教会に避難するが、歯の欠損、頭部損傷、肋骨や手首の骨折など負傷者は八〇人、重傷者は一七人を数えた。

この「血の日曜日」の衝撃的映像は数時間後に全国にテレビ放送され、翌日には各紙も事件を写真入りで一斉に報

セルマ「血の日曜日」

じた。キングは同僚と協議し、二日後に再び行進を行うと宣言し、支援者を全国に呼びかける。キングの呼びかけに、四五〇人もの宗教関係者がブラウン・チャペルに駆けつけた。キングを先頭に、二千人の行進隊は同じルートでペタス橋を渡り、再び州警官隊と保安隊と対峙する。しかし、キングは、その場で参加者を跪かせて祈りを捧げ、〈*We Shall Overcome*〉を唱和した後、方向転換し、参加者に来た道を引き返させたのである。

事情を知らされていない参加者の不満は大きかった。だが、これは苦渋の、だが賢明な決断であった。前日、SCLCが警官による行進の妨害を禁ずる裁判所命令を申請すると、連邦地裁判事は本件に関わる公聴会終了まで行進禁止を命じていた。連邦裁判所命令を破れば、保護を欠く行進は再び流血の惨事を招くだろう。指導者として、参加者を無制限の暴力にさらすわけにはいかない。しかし、行進を中止すれば、参加者を裏切り、運動は空中分解しかねない。キングは土壇場で、ジョンソン大統領が派遣した仲裁者の妥協案を飲んだ。仲裁者が警官隊に自制を確約させる代わりに、行進隊はペタス橋まで進んだ後に引き返す「象徴的対決」で止める。そうすれば、次の行進は連邦政府が支援を約束する、というものである。

流血の惨事は回避できたが、この日の夜に悲劇が襲う。ボストンから支援に来た白人牧師ジェームズ・リーブが白人暴徒に棍棒で頭を殴られ、意識が戻らないまま二日後に落命したのである。だが、リーブの死はさらに世論圧力を結集させ、連邦政府はいよいよ決断を迫られた。

セルマからモンゴメリーへ．勝利の行進

セルマ―モンゴメリー行進

ジョンソン大統領は連邦議会で演説し、投票権法の立法化を議会に求めた上で、遅滞なき成立を要請した。そして、演説の最後を「偏狭と不正の遺産」に対し「われら打ち克たん（We shall overcome）」と公民権運動の合言葉を引用して結んだ。全国中継を見ていたキングの目から涙があふれた。

二日後、連邦地裁判事はセルマからモンゴメリーまでの行進を許可し、アラバマ州当局に行進の護衛を命じる。ウォレス州知事が州当局にその能力はないと拒否したため、ジョンソン大統領は行政命令を出して州兵一八〇〇人を連邦軍に編入し、行進を護衛する措置をとった。

六五年三月二一日、セルマからモンゴメリーに向けた八〇キロの行進が開始された。黒人と白人から成る八千人の参加者がブラウン・チャペルを出発し、ペタス橋を渡る。その後、二車線区間では三〇〇人が野営しながら歩き、五日目にモンゴメリーに到着すると、目的地のアラバマ州議事堂前は二万五千人の参加者で埋め尽くされた。

州議事堂前で演説したキングは、モンゴメリー・バスボイコット運動から一〇年、非暴力により南部に根本的変化を生み出す勝利を手にしたと深く感慨を込めながら、力強く語った。「いかなる人種主義も私たちを止めることはできない」。勝利まで「あとどれくらいか」と問う人々がいる。依然困難はあるが、「まもなくだ」と言おう。なぜなら「道徳的宇宙の弧は長くても、正義の方に曲がっているのだから」。「あとどれくらいか」「まもなくだ」をキングが四回繰り返して演説を終えると、聴衆は万雷の拍手で応じた。

こうして、歴史的瞬間は幕を閉じた。しかしそれは、キングたちの非暴力直接行動が強力に作動した最後の瞬間でもあったのである。

第2節　遠ざかる夢

一九六五年投票権法

六五年八月六日、キングはジョンソン大統領による投票権法署名に立ち会う。投票権法は、黒人の有権者登録を妨害する目的で用いられてきた人頭税と識字テストを廃止し、差別を行う州や郡には連邦登録官を派遣する権限を連邦司法長官に付与した。これにより、半世紀以上にわたって剝奪されてきた南部黒人の選挙権が回復された。

投票権法成立に重なる時期に、キングは「夏季コミュニティ組織および政治教育」(ＳＣＯＰＥ)を計画し、全国の白人学生有志を含む一二〇〇名の活動家、一五〇名のＳＣＬＣスタッフ、

有権者登録の支援活動中，ミシシッピで殺害された公民権活動家３人が乗っていたワゴン車

地元有志者四〇〇〇名を動員し、ミシシッピ州を除く南部六州で有権者登録を行った。全体で四万九千人の有権者登録に成功したが、投票権法も実施が伴わなければ意味がないと認識する。確かに、投票権法の成果は長期的には目覚ましかったが、同法成立から一年をみると、連邦登録官の派遣はわずか四二郡(全体の五分の一)で、実施は順調とは到底言えなかったのである。キングはこれを司法省の怠慢とみなし、次第に不満を募らせる。

一層深刻な問題もあった。公民権活動家に対する殺害事件は六三年の一三名、六四年の一四名、そして六五年の二〇名と増加し、「白人の巻き返し」はむしろ増大していたのである。公民権関連の暴力が州法上の犯罪として処理さ

れる限り、白人による暴力の抑止は困難だった。なぜなら、白人容疑者は全員白人の陪審員が無罪にするとわかっているからである。キングは、公民権関連の暴力を連邦上の犯罪とする立法措置を目指す非暴力直接行動も探り始める。

北部への関心

南部の課題は山積みだったが、キングの関心は北部(西海岸を含む)に向かい始めていた。黒人の約半数(二二五〇万のうち一千万人)が住む北部都市には実質的人種隔離が存在し、黒人は住宅、雇用、教育など日常生活全般で差別を受け、下層黒人は深刻な貧困状態にあったのである。

キングの北部都市の問題に対する認識は、大学院生時代からあった。ボストンで部屋を探す際に、黒人という理由で不動産屋に物件の紹介を断られた経験があったからである。公民権運動に関わり始めてからは、講演や説教に呼ばれ北部都市を頻繁に訪れたから、南部と北部とを問わず、黒人が直面している根本的問題は経済正義であると確信するに至っていた。

六三年五月、キングはミシガン州デトロイトに行き、来たるワシントン行進への支援を募る一二万人の「自由への行進」に参加する。それに続く演説では、「北部の実質的人種隔離は南部の法的人種隔離と同様に有害である」と語った。その夏のワシントン行進の当初の目標も、「平等な経済機会」の要求だったのである。

六四年夏にニューヨーク、ロチェスター、フィラデルフィアなど北部都市で黒人暴動が発生すると、キングは現地をSCLCの同僚と短期間訪問し、暴動を起こした黒人の若者と対話を試みた。セルマ運動中も、「将来抱える最も執拗な問題には、北部大都市にある仕事と学校と住宅に関するものがある」と発言し、セルマ―モンゴメリー行進後は、ある教会での演説で「非暴力運動を合衆国の全域に持っていく」必要があると語っていた。一連の公民権立法は、南部の法的人種隔離制度を崩壊させる画期的意義を有したとはいえ、全国的な人種問題という観点からは「改善」に過ぎない、とキングは認識していたのである。

ゲットー

アメリカの大都市において、都心と郊外の間にある地域は一般に「インナーシティ」と呼ばれる。インナーシティは、土地利用の停滞、建物や施設の老朽化による荒廃、貧困者の集住といった傾向がしばしば認められる。インナーシティの中でも貧困率が四割に達するような地区は、一般的に「ゲットー」と呼ばれる。

北部都市に見られるゲットーは、自然に形成されたものではない。それは、白人住民、不動産業者、地方自治体、産業界、さらには連邦政府による協働の産物であった。黒人の北部への大移住は第一次大戦期に、さらに大規模な移住は第二次大戦期に起きた。それは、戦時中の労働力需要の増大という北部側の「プル要因」と、法的人種隔離制度や貧困からの脱出願望など南部側の「プッシュ要因」が重なることで生じていた。結果は、黒人が急増する北部都市での人種的摩擦の増大であった。

白人居住区への黒人の「侵入」は不動産価値を損ねるとみなす白人は、不動産業者と結託して黒人への住宅売買を禁じる「制限的不動産約款」を結んできた。これは四八年に違憲とされたが、その後も慣行として続いた。また、白人は暴力で黒人を排除した。さらに居住区の隔離は、連邦住宅局や退役軍人局の融資保証計画が後押しする。「異人種から成る」居住区は政府の援助対象としないという差別的規定に基づいて、住宅ローン補助を白人のみに適用したのである。その結果、第二次大戦後、ハイウェイの建設と相まって、白人はこの恩恵を享受し郊外に住宅を獲得した。白人の郊外と黒人の都心周辺ゲットーという空間上の人種分離は、実に人為的に生み出されたのである。

しかし、ゲットーには、南部と比較した場合、言論活動、社会組織作り、投票権の行使、政治活動において、より自由な社会空間が存在した。そこには、専門職従事者や中産階級が一定数おり、文学や音楽など多面にわたる芸術活動が開花し、ＮＡＡＣＰやＮＵＬにより人種関係改善の努力も行われていた。

ただし、大多数の黒人は雇用が不安定な下層労働者であった。産業界は黒人を労働者予備軍に位置づけ、不熟練労働かつ日雇いに配置した。労働組合もしばしば黒人を排除した。五〇年代以降、オートメーション化、人件費の安い地域への製造業移転、郊外への職場流出など、産業構造が変化し雇用が減ると、ゲットーでは失業と貧困が蔓延する。加えて、賃貸アパート、デパート、事務所、映画館、支店銀行などは、概して郊外の白人が所有していた。ゲットーで生み出される利益の多くは、郊外白人に流れる仕組みができ上がっていたのである。

六〇年代後半までに、北部と西海岸の主要都市を平均すると、貧困レベル未満の黒人は四〇%にのぼり、窃盗、強盗、強姦、殺人など、犯罪の発生率は白人地区の四倍となる。これを理由に白人警官が頻繁に巡回し、黒人住民への暴力的な取り締まりが常態化した。

さらに、実質的な居住区の隔離は学校の隔離に結び付く。学校は固定資産税を財源とするため、ゲットー内の学校は質が落ち、郊外の学校は良質となる。郊外の豊かな白人コミュニティの税収は市や州の主要な財源を構成するため、郊外の白人が政治力を行使するようになる。ゲットーはこのように形成され、存続させられてきたのである。

マルコムX

全国の関心が南部に集中するなか、ゲットーの下層黒人の経験を可視化させる上で大きな役割を担ったのが、マルコムXであった。

マルコムX．黒人の自衛を「人権の一部」と主張した

一九二五年に生まれたマルコムは幼くして、マーカス・ガーヴェイのアフリカ帰還運動に傾倒する父が人種主義者に殺され、母は精神科の病院に送られる経験をする。ボストンとニューヨークの最底辺で暮らし、窃盗罪で四六年から服役中に、イライジャ・ムハンマドの黒人宗教団体「ネイション・オブ・イスラーム」（NOI）に出会う。五二年に出所後、NOIに入信し導師となると、「キリスト教は白人の宗教」「白人は悪魔」「白人からの分離」という教団の教義を説いて布教活動に専心する。

ところが、六二年以降、最高権威イライジャ・ムハンマドの私的言動に不信感を抱き始め、六四年のメッカ巡礼と正統派イスラームへの転向後は白人を敵と断定することを止め、NOIを脱退する。その後、黒人地区の政治や経済は黒人が管理するという政治哲学に基づき「アフロ・アメリカン統一機構」（OAAU）を創設し、国内の人種問題を国際的な人権問題として扱うべく、国内の協力可能な勢力、また植民地主義からの解放を闘う第三世界との連携を模索すると宣言する。しかし、六五年二月二一日、ニューヨークで演説中にNOIメンバーに暗殺された。

マルコムXの宗教観はNOI時代と脱退後とで大きく変化するが、人種統合批判と自衛の主張は一貫していた。まず、下層黒人の現実感覚として、人種統合は目標にならない。むしろ、目標は衣食住の確保であり、郊外白人による経済搾取を止めることである。そのために団結が必要となるが、黒人同士が反目し、絶望感や劣等感に支配される状態ではそれは望めない。よって、下層黒人には自らの「黒さ(ブラックネス)」を肯定して「同胞を愛せ」と教えなければならない。

マルコムXは自衛を「人権の一部」として、次のように主張する。白人社会は、銃を自由の象徴とみなし、不正に対する自衛を市民権の一部として賞賛してきた。ところが、黒人には二重基準を適用してきたのである。奴隷制下の黒人に対しては自衛を完全に否定した。その後も、南部と北部で黒人が自衛を唱えると、それを白人社会全体への脅威とみなした。したがって、黒人による自衛の権利の要求とは、完全な市民権また人権の要求に他ならないのである、と。

部分的接近

マルコムXはキングをどう評価しただろう。NOI時代のマルコムXは、キングを黒人解放の最大の障害と公言した。「悪魔」である白人との人種統合を唱え、「白人の宗教」を奉じ、

「汝の敵を愛せ」と説き、黒人に武装解除を命じるキングを、「愚か者」「アンクル・トム(＝白人に卑屈な態度を取る黒人)」「裏切り者」と罵倒した。

ＮＯＩ脱退後、マルコムＸは前言を撤回する。公民権運動への関与を深めたいマルコムＸは、キングを自由のために闘う仲間と発言し始めた。六四年三月二六日、両者は首都ワシントンの連邦議会議事堂で偶然出会う。一分程度の会話は友好的だった。翌六五年二月五日、セルマ運動の最中、マルコムＸはＳＮＣＣによる招待でセルマを訪れる。暗殺の二週間余り前の出来事であった。このときキングは獄中にいたが、マルコムＸはコレッタにこう伝え安心させようとする。白人がもう一つの選択肢は何かを理解したら、白人はキング博士の主張にもっと耳を傾けるだろう。そう考えて、私はここに来ている、と。

もう一つの選択肢とは自衛である。白人に向けて黒人の自衛を強調することで、キングの非暴力による要求が通りやすい状況を生み出す。マルコムＸは、非暴力と自衛の相互補完的効果を考えていたのである。しかし、これはマルコムＸが自衛を公民権運動の戦術に公式に加える意図を持っていたということであり、自衛の主張を決して崩さなかったことを意味する。

では、キングはマルコムＸをどう評価しただろう。マルコムＸへの全国的注目は、ＮＯＩに関するテレビ番組「憎悪が生んだ憎悪」(五九年)に拠っていた。マスコミはマルコムＸを「憎悪の使者」「黒人優越主義者」「暴力希求者」と描いたため、キングはマルコムＸとの接触を避け続ける。

しかし、キングは、NOI脱退後のマルコムXを尊敬していた。共通認識もあったからである。六五年六月、キングはジャマイカ訪問中、ガーヴェイの墓地にわざわざ赴き、最初の黒人大衆運動を率い、何百万もの黒人に尊厳を与えたと敬意を表している。キングは分離と黒人優越の思想は拒絶するものの、黒人民族主義を全面否定することはなかった。国内の黒人解放闘争と第三世界の解放闘争との結び付きも、マルコムXと認識を共有していたのである。

ただし、暴力と非暴力の区別に関して、キングは絶対に譲らなかった。非暴力はキングの人生哲学であり、同時にマルコムXが説く自衛の範囲も曖昧だったからである。キングは個人の自衛原理自体を否定することはなかった。キングが問題にしたのは、組織的な抵抗運動において、非暴力の方が道徳的にも戦術的にも実際的であるという点だった。

一方、マルコムXは私的状況と組織的運動とを区別することはせず、また、しばしば自衛の主張のなかに「暴力革命」や「報復的暴力」の意味も含ませていた。そして、非暴力を無抵抗と捉える向きもあった。したがって、キングとマルコムXは部分的に接近したが、マルコムXが公民権運動の戦術に自衛を公式に加えようとする限り、キングは共闘を許さなかっただろうし、自分が計画する組織的運動へのマルコムXの参加を認めることはなかったであろう。

ワッツ地区を訪れ，市民との対話に臨むキング

ワッツ暴動

六五年八月一一日、キングとSCLCの進路を北部へと向かわせる決定的事件が起こった。カリフォルニア州ロサンゼルスのワッツ地区で起きた空前の黒人暴動である。それは、黒人の飲酒運転を白人警官がとがめる事件から発展した。「焼き払え、皆焼き払え」「マルコムX、万歳」の声が響きわたる。暴動は五日間続き、一六〇〇人の警官では手に負えず、一万四千人の州兵が投入された。全ブロックの建物が焼失し、死者三四人、負傷者九〇〇人、逮捕者四千人を出した。

SCLCの同僚から危険と警告されながらも、キングは一週間後にワッツを訪れ、コミュニティ・センターで数百人の住民と話し合う。住民はキングと非暴力に敵対的だったが、キングは忍耐強く耳を傾ける。極度の貧困、失業、住民を「猿」呼ばわりし虐待する白人警官、住民の利益を代弁する政治家の不在、下層黒人を敬遠する黒人中産階級など、不満、怒り、幻滅の声があがる。とりわけキングの胸を突いたのは、次の言葉だった。「暴動が答えでないことはわかっている。だが、だれも気に留めてくれなかった」。

ワッツ暴動は、投票権法が成立してわずか五日後に起きた。このタイミングは象徴的意味をもつ。すなわち、過去一〇年間の公民権運動は南部特有の問題を克服しただけであり、それは北部や西海岸のゲットーにとって何も関係なかった、というシグナルである。キングは長らく経済正義への関心を持ち続けてきたが、ワッツ暴動はそのための行動を決意させる。仕事と所得への権利、この前提なくして、独立宣言が謳う「生命、自由、幸福追求の権利」など虚構にすぎない。非暴力によって目に見える成果をゲットーにもたらさなければならない。ワッツ暴動は、キングにそう決意させたのである。

第3節　構造的人種差別の壁

シカゴへ

キングは、北部の運動地にイリノイ州シカゴを選んだ。というより、シカゴがキングを選んだと言った方が当たっている。シカゴでは、六二年四月に四〇ほどの市民団体や公民権団体が緩やかに連合し、「コミュニティ組織調整会議」(CCCO)が立ち上げられていた。六四年夏から六五年七月にかけて複数の北部都市を視察するなかで、キングとSCLCに強力な支援要請を行っていたのが、ＣＣＣＯだったのである。

全米第二位の都市シカゴには一〇〇万人の黒人が居住し、市人口の三分の一を占めていた。その大部分は、サウスサイド地区とウエストサイド地区という二つのゲットーに居住していた。サウスサイド地区は、第一次大戦に始まる南部黒人の大移住により形成され、ウエストサイド地区は五〇年代にサウスサイド地区からの移住、第二次大戦を機に再急増した南部黒人の移住により形成されていた。両地区とも人口過密状態に悩まされていた。

その悪影響は、公教育に端的に現れる。両地区とも、いわゆる黒人学校は定員の二倍以上の児童を抱えていたのである。六〇年代に入ると、ＣＣＣＯはシカゴ教育委員会に、近隣の空き教室のある白人学校への通学を要請する。ところが、教育委員長は受け入れず、黒人学校の授業を午前と午後の二部制で運営させ、さらに一五〇台のワゴン車内で授業を行わせる措置をとる。まさに、実質的人種隔離の維持を前提とする対応であった。

黒人学校の過密化と密接に関係していたのが、居住区の隔離である。非白人への住宅売買を禁じる私的な取り決め「制限的不動産約款」は、四八年に違憲とされていたが、慣行として続いてきた。黒人地区の過密化解消策と称して、シカゴ住宅局は黒人地区内に高層の公営住宅をいくつも建設してきた。しかし、これはゲットーを上空に拡大しただけにすぎない。六三年、シカゴは住宅売買における人種差別を禁じる公正住宅取引条例を制定するが、白人住民や不動産業者協会は無視した。

過密ゆえに、黒人地区の公教育は劣化する。アパートの家賃は上昇し、同じ部屋数の家屋を比較すると、近隣白人地区より二割高くなる。しかも、家屋は老朽化し、電気、水道、暖房は整備されず、大量のネズミやゴキブリが発生する。市当局も家屋の所有者である郊外に住む白人地主も、この不衛生状態を放置していた。CCCOは、主要課題をまず教育、次に住宅と位置付け、市教育委員会や市当局に改善要求を行ってきたが、目立った成果は出ていなかった。そこで、六五年七月、CCCO議長アル・レイビーは、「争点の劇化」と大衆動員に長けたキングとSCLCに協力を要請したのである。

シカゴ自由運動

CCCOの協力要請とワッツ暴動を受け、六五年九月、キングはCCCOとの協働を正式に発表する。「シカゴのシステムを打ち砕ければ、この国のどこでも打ち砕けるだろう」と、キングは決意を述べた。しかし、不慣れな北部での活動には、周到な下準備が不可欠となる。人口だけでも、シカゴはアラバマ州バーミンガムの一〇倍に上る。資金調達の講演で多忙を極めるキングは、シカゴ入りを翌六六年一月と決め、それまでの間はSCLC直接行動部門の指揮官ベヴェルが現地に先に入り、CCCOとの協議や住民の組織化を担うことになった。

シカゴのウエストサイド地区で清掃活動を手伝うキング

六六年一月、キングが現地に入り、「シカゴ自由運動」がスタートする。しかし、教育、住宅、仕事、貧困、警官の暴力など問題は多岐にわたり、どのようにすれば争点を劇的に浮き彫りにできるか、すぐにはわからない。そこで、SCLCとCCCOは、当面の目標を大きく「スラム撲滅」とする。その後、キングはウエストサイド地区ローンデールの老朽化したアパートに入居する。住民の窮状を共有し、世論の関心を集めるためである。そして、水曜、木曜、金曜の三日間をシカゴでの活動に費やすことにした。

キングは、SCLCスタッフ五〇人を投入し、三段階の計画を立てる。二月中は住民の組織化と非暴力への訓練を継続し、三月中に争点を設定して戦略を練り、五月以降に大衆行動に出るというものである。しかし、六月に入っても争点は定まらず、ようやく七月に「住宅開放」に決まった。不動産業者協会の事務所は白人地区に位置している。ならば、白人地区に向けてデモ行進すればよい。それは白人住民との「対決」を引き起こし、住宅差別の存在を劇的に可視化するであろう。二重の住宅市場を解消すればゲットーが解体されるというわけではないが、それはスラム撲滅の第一歩となりうる。キングはそう考えたのである。

七月一〇日、CCCOとSCLCはソルジャー・フィールド（競技場）で運動開幕を告げる大衆集会を開いた。三万五千人が参加した大会の終了後、五千人がキングと共に五キロ離れた市庁舎まで行進し、要求項目をドアに張り付ける。要求項目には、公平な住宅の他、老朽化した住宅の修繕、スラムの美化、警官の振る舞いに対する市民審査委員会の設置、最低賃金の引き上げなども含まれていた。その後、キングはリチャード・デイリー市長と会談するが、積極的な応答はなかった。これをもって、キングは直接行動に出る決断を下した。

七月三〇日から八月二五日の間、近隣白人地区とそこにある不動産事務所に向けたデモ行進が、一〇〇人から一五〇〇人の規模で、合計一六回行われた。白人の敵意はすさまじかった。近隣白人地区には、白人労働者階級やホワイト・エスニックすなわち、第二世代から第四世代を経て「白人化」したアイルランド系移民やポーランド系移民などが居住していた。彼ら彼女らはデモ行進を「侵略」とみなし、持ち家の資産価値を守り、コミュニティの同質性を守るためなら、暴力の使用は民主主義的行為であるとすら信じていたのである。

「デモ行進には、規模に応じて最大千人の護衛警官がついた。だが、その周囲を数千人の白人暴徒が取り囲み、卵、石、ビン、レンガの雨を降らせる。「ニガーを絶つ唯一の方法は根絶」

と書くプラカードやナチスの旗を掲げ、「ニガー、帰れ」と連呼し、こう歌った。「自分がアラバマ州警官だったらよかった。合法的にニガーを殺せるから」。あるデモ行進では、キングも投石がこめかみに当たり、よろけて膝をついた。南部でさえ「ここまでの敵意と憎悪を見たことはない」とキングは取材記者に答えた。だが、デモ行進を継続する意志は変えなかった。

苦肉の頂上合意

デモ行進を止めさせたいデイリー市長は、その条件について、SCLC、CCCO、不動産業者協会、市長、他に利害関係のある団体による会議を求めた。会議は二週間続いた。焦点は不動産業者協会の対応である。白人住民の意向を反映し仲介しているだけで、責任はないと主張したのである。しかし、その裏では、市の公正住宅取引条例の廃止とイリノイ州議会で係争中の州公正住宅取引法案の廃止を求め、圧力をかけていたのだった。

この事実を指摘し、キングは譲らなかった。難航の末、不動産業者協会は、市の公正住宅取引条例の遵守と、州公正住宅取引法案への反対中止を宣言すると約束する。しかし、宣言のみでは実行性が伴わない。キングは具体的な行程表まで要求する。だが、この時点で行き詰まった。会議出席者の多くが、不動産業者協会の対応を「前進」とみなし、デモ行進中止の条件を満たすと主張したのである。CCCO内の穏健派からも同調者が出るに及び、キングは不本意ながらも譲歩し、住宅差別をなくす一〇項目を書面化した「頂上合意」が成立した。

シカゴ自由運動は、なぜ頂上合意で終わったのか。市政、組織、暴動という運動を取り巻く複雑な力学のなかで、たとえ象徴的成果にすぎないとしても、キングには「非暴力による成果」と言えるものが必要だったからである。

デイリー市長は、都市政治マシーンを通して市政を支配していた。マシーンとは、住民に雇用、医療、法的助言など日常サービスの便宜を図り、見返りに選挙での忠誠を求める集票組織を指す。デイリー市長は、白人票の喪失につながるゲットー解体には手をつけなかったが、隔離の範囲内での黒人地区改善には応じてきた。

シカゴ市長リチャード・デイリー

黒人も投票可能なシカゴでは黒人政治家がおり、デイリー市長のマシーンに組み込まれていた。シカゴでも黒人教会は重要な社会組織の一つだったが、黒人牧師の多くもマシーンに組み込まれていた。デイリー市長が黒人政治家に地位を保障し、黒人政治家が黒人牧師に教会改築などの便宜を図り、黒人牧師が教会員の職探しなどの便宜を図る。この一連のラインで、デイリー市長は黒人票の九割を確保していた。その結果、黒人政治家や多数の黒人牧師は、キングを「部外者」と呼び、黒人の結束を阻止する側に回ったのである。

他方、マシーンの恩恵を受けない貧困層の組織化も困難を極めた。ベヴェルは家賃と修繕について白人家主と交渉するため、借家人組合の組織化に取り組んできた。しかし、戸別訪問が必要なため、大規模な組織化には一、二年かかると予想された。その折、南部では六月に「ブラック・パワー」のスローガンが誕生し、七月半ばにシカゴのウエストサイド地区では暴動が発生した。非暴力を否定する動きに直面したキングは、速やかに非暴力の有効性を証明する必要に迫られていた。その危機感ゆえに、キングは草の根の組織化よりも「対決」による「争点の劇化」を優先させ、また、非暴力の成果として提示できる何らかの合意を早急に欲したのである。

「柔術」の機能不全

所定の目標に至らなかったのは、シカゴ自由運動だけではない。バーミンガム運動の合意は即時の実効性はなかったし、セルマ運動では合意すら成立しなかった。しかし、バーミンガムやセルマは、一連の公民権立法を導く全国的インパクトを持っていた。非暴力の「柔術的メカニズム」が起動し、メディアと世論が連邦政府に圧力をかけたからである。他方、シカゴ自由運動は、バーミンガムやセルマ同様、非暴力による「争点の劇化」に成功したにもかかわらず、全国的インパクトを持つには至らなかった。非暴力の「柔術的メカニズム」が機能しなかったのである。

あらゆる状況が変わりつつあったが、変化したのはキングやSCLCではなく、むしろメディア、北部白人世論、連邦政府の方であった。メディアの関心は、シカゴ自由運動よりも、黒人の都市暴動、「ブラック・パワー」のスローガン、そしてベトナム戦争に向かっていた。例えば、『ニューヨーク・タイムズ』紙の表紙を飾った回数は、バーミンガム運動は約二か月の間に四〇回、セルマ運動は約一か月半の間に三五回だったのに対し、シカゴ自由運動は七月から八月の二七日間で七回のみだったのである。

北部白人の世論は、一連の公民権立法後、自身の既得権の問題が絡み始めると、急速に保守化し始めた。法的平等を達成した以上、後は自己責任とする声は、六四年公民権法成立時から出始めており、デモ行進は黒人の大義をむしろ傷つけるとする世論は、六四年五月時点で七四%にのぼっていた。そして、北部白人はシカゴ自由運動を「既得権の侵害」、すなわち、自己の持つ資産価値を減少させ、貧者救済のために経済的負担を負わせる「非アメリカ的」動きとみなしたのである。

連邦政府を見れば、優先課題を変更していた。六四年一月、ジョンソン大統領は一般教書演説において、「偉大な社会」計画の一環として「貧困との戦い」を宣言し、同年八月には経済機会法を成立させていた。内政を優先課題としたのである。しかし、六五年二月に北ベトナムへの爆撃(北爆)を開始して以降、ジョンソン政権の優先課題はベトナム戦争に移り、六六年一月の一般教書演説では焦点を国防予算の増額に置き、優先課題を完全に外交に移した。

キングが経済正義と貧困という実質的平等の領域に踏み込んだとき、非暴力の「柔術的メカニズム」は機能を停止した。連邦政府に圧力をかけるべきメディアは無関心になり、北部白人世論は保守化した。いや、むしろ多くの北部白人は既得権を守るため南部の「白人の巻き返し」に同調し、「黒人はこれ以上何を望むのか」という反動的な世論圧力を連邦政府にかけたのである。その結果、六六年夏までに、連邦議会において二つの公民権法案が廃案となる。一つは、南部で起こる公民権関連の暴力を連邦上の犯罪として処罰する法案であり、もう一つは、住宅差別を禁じる公正住宅法案である。いずれも、キングが立法化を期待していたものに他ならない。

試練

非暴力はもはや通用しないのか。いや違う。なぜなら、従来の「柔術的メカニズム」だけが非暴力の全てではないからである。いくつかの希望もあった。まず、北部都市シカゴでも「争点の劇化」には成功した。この成功は、北部都市の人種差別の可視化を試みた点において、戦術は異なれども、マルコムXの取り組みを補完するものであった。キングは複数の黒人若者ギャング集団を非暴力的に訓練して、デモ行進に参加させることにも成功していた。訓練次第で誰でも非暴力的になりうるというキングの信念は、むしろ実証されたのである。さらに、SCLCは、「パンかご運動」という非暴力戦術を用い、市内の黒人の雇用増大に成果を出していた。これは、黒人大衆が持つ潜在的購買力を利用し、白人が経営する会社で雇用差別があれば、不買行動圧力をかけて雇用を獲得する運動であった。

その一方で、キングは二つのレベルでの取り組みが急務であると認識した。一つは、ゲットー内の環境改善である。下層黒人の切実な望みは、まずそこにあるからだ。そのためには、シカゴ自由運動の途中で中断させてしまった借家人組合のような組織化努力を、やはり継続していかなければならない。もう一つは、新たに連携可能な勢力を探し出し、連邦政府と直接「対決」する市民的不服従をも含め、非暴力の戦術をより戦闘的な次元に高め、経済正義や貧困に対する成果を勝ち取ることである。さもなければ、黒人の暴動は続くであろうし、黒人の若者を中心とした非暴力は「時代遅れ」とするムードは覆せない。前途は多難であった。

第5章
最後の一人になっても

ブラック・パワー運動のパンフレット．1967年

第1節　ブラック・パワーの挑戦

SNCCの変質

「ブラック・パワー」というスローガンが登場したのは、六六年夏である。それは、「白人の巻き返し」に対する運動方式を指すスローガンとしてSNCCから発せられ、晩年のマルコムXの解放思想を多分に含むものであった。すなわち、「黒人は黒人で組織する」「黒人コミュニティの政治や経済は黒人が管理する」、そして「自衛を公式の戦術に加える」、これら三つである。

だが、なぜこの動きが非暴力主義を掲げてきたSNCCから出てきたのだろう。SNCC創設の中心を担ったのは南部の黒人学生、それもキングの思想的分身ジェームズ・ローソンに学んだ者たちである。それゆえ、出発時のSNCCは、愛と非暴力、良心への訴え、直接行動による強制、黒人と白人の連携など、キリスト教的運動方式を採用した。しかし、SNCCにはもう一つの勢力があった。ストークリー・カーマイケル(トリニダード・トバゴ出身)に代表される概して北部出身の黒人学生である。こうした黒人学生はより世俗的で、マルコムXからも思想的影響を受けていたが、六〇年代後半になると数の上で勝り始める。

SNCCがマルコムXに傾倒していく契機は、六四年夏のミシシッピでのフリーダム・サマー計画と「ミシシッピ・フリーダム民主党」(MFDP)での経験にある。大量の北部白人学生を歓迎する一方、白人が意思決定に影響を持ちすぎるという反発も出る。表現力豊かな白人学生が地元黒人を圧倒してしまう否定的側面が指摘されたのである。そして、MFDPの挫折は、連邦政府、白人リベラル、既存の政治政党は黒人の味方ではない、という拭い難い不信感をSNCCにもたらした。

ストークリー・カーマイケル．SNCCの議長を務め「ブラック・パワー」を唱えた

フリーダム・サマー計画では、本部で自衛の是非も大論争になった。活動家の安全確保に銃は必要という肯定論と、誤射の危険や世論への否定的効果など反対論が出る。一方、地元黒人は非暴力と自衛をもっと柔軟に捉えており、活動家に銃所持を勧める者、武器を取り活動家の送迎や宿泊警護を申し出る者もいた。非暴力と自衛は相互補完的に機能

する、それがここでの現実だった。激論の末、ＳＮＣＣは活動家に限り非武装と決定した。だが、白人暴力の凄まじさを前に、非暴力の鉄則化は意味をなさないとの見方が一層強まっていく。

六五年までに執行部も変化する。委員長ジョン・ルイスを除き、非暴力主義者の多くがＳＮＣＣを去り、ヴィヴィアンやベヴェルなどはＳＣＬＣに参加していた。六五年二月には、ＳＮＣＣはマルコムXをセルマでの講演に招待し傾倒を強める。その後、六六年春、カーマイケルがルイスを退け委員長になると、ＳＮＣＣの政治姿勢は「公民権」から「ブラック・パワー」へと変更された。

メレディス行進での亀裂

同じような変質は、ＳＮＣＣだけでなくＣＯＲＥの内部でも起きていた。ところが、それらの変質を、キングは十分に把握していなかった。六六年一月以降、シカゴ自由運動に専念していたからである。そのため、同年六月にミシシッピで「メレディス行進」を引き継ぐ際、キングとカーマイケルは異なる期待を持って現地入りすることになった。キングは、行進を通してミシシッピの不正義を暴露し、公民権関連の暴力を連邦犯罪とする公民権法の獲得を期待していた。一方、カーマイケルは、この行進の中でキングを巻き込んでブラック・パワーを「全国的な討論課題」に据えようと期待していたのである。

メレディス行進とは、六六年六月四日、四年前に人種の壁を破りミシシッピ大学入学を勝ち取ったジェームズ・メレディスが、たった一人で起こした「恐怖に抗する行進」である。その目的は、三五〇キロを歩きながら、黒人の恐怖心を克服し、有権者登録を促進することであった。しかし、二日目に狙撃され負傷する。すぐに公民権指導者が駆けつけ行進継続が決まるが、方針をめぐって団体間で対立が生じる。キングが穏健派意見との中間を取ると予測したカーマイケルは、穏健派のNAACPとNULの排除に乗り出し成功する。SNCC、CORE、SCLCだけになれば、キングを急進派の立場に近づけられると考えたのである。

しかし、三団体間にも対立点があった。カーマイケルとCORE議長フロイド・マッキシックは、非暴力を必須条件としないこと、自衛組織「防衛のための執事」(DFD)の参加も認めること、そして黒人のみの行進にすべきことを求めた。キングは、自衛の原理自体は否定せず、またDFDの参加も認めるとした。ただし、行進は非暴力かつ黒人と白人の参加を原則として宣言しないのであれば、自分とSCLCは参加しないと断言する。結局、この行進に関する限り、その原則を皆が守ることが確約された。

チャント合戦

しかし、キングが行進を統制できたわけではない。シカゴとの往復その他で行進をしばしば外れたからである。そこに空白ができた。行進隊は一〇日目に中間点グリーンウッドに到着する。そこは、フリーダム・サマー計画が行われた「SNCCの領域」である。この日、市当局が公共の敷地でのキャンプを禁ずると、夜の集会でカーマイケルは聴衆を前に抗議の感情を吐き出し、黒人には「ブラック・パワー」が必要だと訴えた。地元の聴衆も「ブラック・パワーが欲しい」と応じた。

マッキシック(左)とカーマイケル(右)と共に行進するキング

再び合流したキングがこのスローガンを耳にしたのは、翌日夜の集会である。カーマイケルは熱烈に演説し、聴衆との間で「何が欲しい」「ブラック・パワー」を連呼する。すると、反発するSCLCのホゼア・ウィリアムズが、聴衆と「フリーダム・ナウ」を連呼し、応戦し始める。それは、メディアを前に公民権団体間の亀裂が露呈された瞬間であった。瞬く間に、「ブラック・パワー」のスローガンは、明確な定義を欠いたまま全国に広がっていく。

キングは即座に留保をつけ、このスローガンの放棄を求めた。黒人の政治力や経済力の結集という意味において、ブラック・パワーは健全な概念である。だが、それらは具体的プログラムを通じて達成されるべきで、スローガンを通じてではない。また、指導者は暗示的意味に配慮すべきである。行進中、「白人野郎が俺に触れようものなら、叩きのめす」「黒人だけの行進に」の声が上がっており、このスローガンは黒人支配、黒人暴力、黒人分離主義を暗示させる。ミシシッピの不正義を前に一層の結束が必要なときに、なぜ黒人同士を混乱させ、白人に自己正当化の口実を与えるようなスローガンを使うのか。

しかし、カーマイケルもマッキシックも譲らなかった。その後の行進でも、「ブラック・パワー」と「フリーダム・ナウ」のチャント合戦が続く。行進の統一を優先するキングは、どちらのスローガンも唱えないという妥協案で合意を得る。六月二六日に州都ジャクソンに到着したとき、一万五千人の群衆に「セルマ―モンゴメリー行進」のときのような高揚感はなかった。キングの演説には元気がなく、ある記者によれば、「彼は肉体的にも感情的にも崩れそうに見えた」という。

ホワイト・パワーの失敗

かくして、ブラック・パワーは「全国的な討論課題」となるが、世論の反応は否定的だった。

『タイム』誌(六六年七月八日)はこれを「新たな人種主義」と呼び、白人リベラルもそう捉えて不快感を露わにした。また、NAACP会長ロイ・ウィルキンズとNUL事務局長ホイットニー・ヤングも、「裏返しの人種主義」と非難した。これに対し、キングは『ニューヨーク・タイムズ』紙(七月二六日)に声明を掲載し、このスローガンはその暗示的意味ゆえに「有害」と書く一方、「この新しい概念を非難するだけでは十分でない」と釘を刺す。その後、ウィルキンズとヤングは、ブラック・パワーへの反対声明をキングと連名で『ニューヨーク・タイムズ』紙(一〇月一五日)に掲載しようとするが、キングは署名を拒否する。

キングはなぜ中立的立場を取ったのか。それは、世論の関心が黒人間のイデオロギー対立に向かい、このスローガンを生んだ原因が覆い隠されてしまったからである。その原因こそが真の争点であって、世論の注意をそこから逸らしてはならない。そう判断したのである。では、キングは何を真の争点とみなしたのか。それは、最後の著書『黒人の進む道』(六七年)で論じているように、「ホワイト・パワーの失敗」、具体的には「白人の巻き返し」に他ならない。

キングは次のように論じる。

「パワー」とは、変化を生み出す力、意思決定権を指す。連邦レベルから地方レベルまで、この種のパワーを圧倒的に掌握してきたのは「白人」である。しかし、白人は黒人の真の平等に向けて「変化を生み出す力」を本気で行使してきたことは未だかつてない。

公民権活動家に対する殺害事件は年々増加し、しかも白人容疑者は処罰されない。一連の最高裁判決も公民権法も実施が伴わなければ意味がない。貧困の根絶、ゲットーの解消、充実した教育など「取り残された人々の経済問題」を真に克服するには、数百億ドルもの税金を投じる「高いコストを必要とする」。しかし、黒人自由運動の要求がこの段階に入ると、連邦政府は優先順位を変更し、大半の白人は既得権を守るために抵抗を始めたのである。したがって、ブラック・パワーを生んだ原因は「ホワイト・パワーの失敗」であり、現に起きている全国的な「白人の巻き返し」に他ならない。

ブラック・パワーの評価

真の争点を「ホワイト・パワーの失敗」と見る点では、カーマイケルも一致していた。それゆえ、運動は黒人の集団的パワー(＝ブラック・パワー)獲得に集中しなければならない。カーマイケルはそう論じ、次の四点を強調する。(一)「ブラックネス」を肯定し、自尊心を回復すること。(二)下層黒人を助けるよう、黒人中産階級に相互責任を訴えること。(三)既存の政治政党とは別の独自組織を作り、黒人が大半の地域では黒人が地元の政策決定権を掌握すること。そうでない地域では、黒人は黒人を組織した後で、他の利益集団との連携を検討すること。(四)非暴力から暴力に至る戦術の採用は、各コミュニティにまかされること。

キングは黒人の政治力と経済力の強化に関するカーマイケルの主張を「正当」と評価する。しかし、無意識的ないし意識的に含まれる分離主義と暴力肯定の二つについては、自身の人生哲学と現実的観点から、「公民権運動の基本的戦略にするわけにはいかない」とした。

キングの究極的目標は、人類が兄弟姉妹として共に生き、互いの人格を尊重できる社会の創造であった。公民権運動の文脈では、「黒人と白人との和解」である。この和解は、分離、そして暴力という手段を通しては実現できない。なぜなら、和解は、いかに困難であっても、黒人と白人との「接触という事実によって作り出されなければならない」からである。次に、暴力は一時的効果を持つかもしれないが、むしろ憎悪を生み、真の争点を隠す。したがって、和解のプロセスに必要なものは、不正を正す勇気のみならず、暴力と憎悪の連鎖を断ち切る勇気なのである。それを可能にする唯一の手段が非暴力である。

現実的観点からも、分離主義は原則にできない。なぜなら、黒人が市や郡を支配できた場合も、州全体の政策に影響を及ぼすには白人との連携が不可欠となるからだ。また、貧困問題の抜本的解決には、数百億ドルかを含む連邦政府の計画を必要とするからである。

二つの戦術

同様に、暴力肯定も原則にはできない。そもそも、自衛とは、急迫不正の侵害から身を守るために、やむをえず最小限度の回避行動に出ることを指す。よって、アメリカにおいて自衛の権利要求それ自体は正当であるにせよ、自衛それ自体は社会変革を導かない。したがって、公民権運動が、全国的運動において非暴力戦術を公式化し鉄則化してきた理由はここにある。黒人の自由運動全体に社会変革のための道徳性と正当性を付与し続けてきたのである。その一方で、ローカルな運動において非暴力と自衛が補完し合う現実を、それがローカルの枠内に留まる限り、非公式に許容、黙認してきた。

しかし、ローカルな枠内に留まってきた非公式的な自衛戦術が、ブラック・パワーのスローガンの下で全国的戦術の一つに公式に加えられることは、極めて否定的な政治的効果を生む。自衛戦術が用いる誇張表現ゆえに、平均的白人は、「純粋な自衛」も「人種暴動」も「報復的暴力」も「武力革命」も区別せず、黒人の暴力に対する漠然とした恐怖心から一層の防衛的姿勢を取り始める。白人世論の関心は黒人の暴力に集中し、真の争点は隠され、黒人の大義はもはや正当とみなされなくなる。だからこそ、暴力肯定を原則にはできないのだ。

唯一の声となる道を選ぶ

ブラック・パワーの主唱者のなかには、第三世界の武力革命をアメリカに移植できるかのごとき発言をする者がいる。では、アメリカで武力革命は起こせるか。地方警察、州兵、連邦軍が体制側についているアメリカで、これは絶対起こらない。

武力革命を説く黒人の多くは若い男性であり、こう主張する。「女や子どもを守れないのは男らしくない」と。しかし、真の勇気、「男らしさ」は非暴力の中にある。加えて、ひとたび武装を軸に組織すれば、女性、年配者、身体の不自由な者、子どもは参加が難しくなり、大衆運動は成立しなくなる。

かくして、キングはこう言う。「もしアメリカのすべての黒人が暴力に傾くようなことがあれば、私は、それは間違った道であると説く、唯一の声となる道を選ぶ」と。

真の争点

分離主義と暴力について、キングとカーマイケルの立場はこのように異なる。だが、重要なことは、両者が「白人の巻き返し」を共通の敵とみなしていた事実の方である。ブラック・パワー運動は、公民権運動からの断絶ではない。戦術と強調点における相違、また公民権団体間の亀裂拡大にもかかわらず、人種差別的な「ホワイト・パワー」に対決しようとした点において、公民権運動とブラック・パワー運動は、連続する運動に他ならなかったのである。

黒人の暴力肯定論に対するキングの批判は正しかったが、それは同時にキングに難問を突き付ける。非暴力を通して「ホワイト・パワーの失敗」を矯正しうる力を生み出すことはできるのか。しかも、白人世論は離反し、黒人の若者の多くは非暴力を「時代遅れ」とみなし始めた圧倒的に不利な状況下で、これを達成しなければならない。ところが、この困難に追い討ちをかける問題に、キングは対峙しなければならなかった。ベトナム戦争である。

第2節　国家権力を敵にまわす

「本質的に誤った戦争」

ベトナム戦争は、六〇年代後半の黒人自由運動に破壊的影響力を与えた。何よりも、ベトナム戦争は公民権諸団体の分裂を決定づけ、「真の争点」を覆い隠し、黒人自由運動を押さえ込む力として作用していた。黒人自由運動の行方は冷戦政策に大きく規定され、そのなかでキングは苦悶する。

キングは一貫してベトナム戦争に反対していた。彼は牧師であり、大学院時代から一貫して、人類が兄弟姉妹として共に生きる世界を創造するべく、人種差別、貧困、戦争を克服するための社会的福音を説くことを職務と考えてきた。ノーベル平和賞受賞後は非暴力にさらに献身する者として、北爆を含むベトナムへの軍事介入は座視できるものではなかった。

加えて、キングはベトナム戦争を「本質的に誤った戦争」とみなしていた。ベトナム民衆のムの悲願は民族自決であり、資本主義か共産主義かの選択は当事者に任されるべきである。ベトナム民衆が共産主義に傾くとすれば、それは資本主義が失敗してきたからである。アジアやアフリカを植民地化してきた近代西欧列強の多くが資本主義国家である事実を忘れてはならない。だから、共産主義拡大を予防したいなら、むしろアメリカがベトナム民衆の側に立って、人種主義、経済搾取、戦争の除去に真剣に取り組み、民主主義を推進することが必要なのだと考えた。

ところが、アメリカは全く逆のことをしてきた。共産主義の拡大阻止を理由にフランスのベトナム再植民地化を支援し、ジュネーブ協定調印を拒否した。この段階でアメリカは道を誤ったとキングは認識する。アメリカ独立宣言の革命精神に触発され、フランス植民地支配からの独立に立ち上がったベトナム民衆を、アメリカはフランスに代わって暴力的に抑え込もうとしている。ベトナムに人種差別、経済搾取、戦争の「三つ組みの悪」をもちこんでいるのは、今やアメリカに他ならないではないか、と。

沈黙は裏切りである

キングが反戦を公に口にするのは、北爆開始直後の六五年三月、ハワード大学で交渉による解決を訴えたときである。しかし、キングはその後、公然たる反戦表明を極力控える。六五年の段階では、公民権運動の前進にジョンソン大統領の支援は不可欠であり、公民権諸団体の足並みを崩し、白人支持者を離反させてはならなかった。政治的考慮を優先させたのである。しかし、六七年一月までに、キングは自らの良心に照らし「沈黙は裏切り」と判断するに至る。

なぜなら第一に、「貧困との戦い」が破綻するからである。社会保障の充実化は、三〇年代以来の民主党の基本政策となってきた。六二年には、政治学者マイケル・ハリントンが著書『もう一つのアメリカ』で、国内に四千万人の貧困者が「見えない状態」で存在するという衝撃的事実を指摘した。こうした背景のなかで、ジョンソン大統領は六四年に「偉大な社会」計画の一環として「貧困との戦い」を宣言し、経済機会法を成立させた。

キングは、ジョンソン大統領の取り組みの方向性は評価していたが、実際の貧困対策予算は年間一〇億ドル程度で連邦総予算の一％程度にすぎなかった。そのため、ジョンソン大統領の「貧困との戦い」は「戦いにすらなっていない」とみなしていた。

ところが、ベトナム戦争に伴う国防予算の増額を理由に、この微々たる貧困予算すら削られていくのである。国防費には連邦総支出の半分近くが当てられ、六五年の五〇〇億ドル以降、増額の一途をたどる。六七年には、この「異常な支出」をまかなうため、個人と法人の所得税の六％増税案まで提出される。ベトナム戦争と「貧困との戦い」が両立しえないことは明白だった。

第二に、アメリカの海外での暴力に反対することなしに、ゲットーの若者に非暴力を説くことは絶対できないからである。都市暴動を起こした若者がキングにこう問い返す。「ベトナム戦争はどうなのか」「アメリカだって自ら欲する変化を暴力で生み出そうとしているではないか」と。それは的を射た問いであった。

第三に、米兵戦死者が拡大するからである。それも、貧困層が高率で徴兵され、かつ黒人の戦死者は一〇人に三、四人に上る。これは、「一〇万人計画」なる徴兵計画の結果である。ケネディ＝ジョンソン両政権下の労働次官補パトリック・モイニハンは、通称「モイニハン・レポート」（六五年）の中で、ゲットーに蔓延する貧困、犯罪、シングルマザーの原因を家父長制的家庭の崩壊にあると論じた。奴隷制下で黒人男性は家長になり子どもに模範を示す「男らしさ」を剝奪された。その負の遺産が受け継がれている。したがって、ゲットーの諸問題の克服には、黒人男性による伝統的「男らしさ」の獲得が必要となる。

ゲットーの諸問題の原因を奴隷制の負の遺産なる「黒人の文化的特性」に帰するモイニハンの報告は、白人社会の諸力にこそ本質的原因があるという事実を見逃していた。だが、この報告は連邦政府に影響を持ち、「一〇万人計画」に結びつく。その論理はこうだ。貧困男性、特に黒人男性に「男らしさ」を獲得させたいなら、家父長制的な軍に彼らを徴兵しベトナムに送ればよい。これが、連邦政府が貧困者、黒人貧困者に向ける眼差しなのである。

キングが反戦を唱える決断をした理由の第四は、ベトナム民衆の犠牲者が拡大するためである。それも米兵戦死者の比ではない。北爆開始から六六年末までに、爆撃や戦闘に巻き込まれ死亡した民衆は、五〇万人とも見られていた。しかも、その七割は子どもなのである。土地改革を願う民衆の目の前で、米軍はその土地に爆弾を投下し、水路を汚染し、作物を破壊し、樹木をブルドーザーでなぎ倒してコンクリートで「要塞化した村落」を作っていく。これら民衆の犠牲、家族と村落の破壊は、アメリカによる「本質的に誤った戦争」がもたらしている。

良心と政治的考慮との間で苦悶するなか、キングは六六年一二月半ばから二か月間、最後の著書となる『黒人の進む道』をジャマイカで執筆するため休暇をとる。ベトナム戦争に加え、公民権へのジョンソン政権の関心低下、連邦議会の保守化、「白人の巻き返し」、都市暴動とブラック・パワーの叫びを踏まえ、「われわれはどこに進むのか」を熟考しようとしたのである。

反戦表明

帰国するとキングは、SCLCの同僚らと会合を開いた。すでに反戦活動をしていたベヴェルを除き、その多くは政治的考慮からキングの反戦表明に難色を示したが、キングは覚悟を変えなかった。「政治的には誤りかもしれない。だが、私は、心底アメリカは間違っていると感じており、預言者の道を進むつもりだ」。ただ、六七年初めまでに、反戦・平和運動が少しずつ広がりつつあったことも事実である。白人活動家を中心に、新旧左翼系やリベラル派がティーチ・イン(討論集会)や反戦集会を開き、公民権団体ではSNCCが六六年一月に反戦表明を行っていた。

キングは平和主義者で著名な小児科医のベンジャミン・スポックと、シカゴで五千人を率いて初めての反戦デモ行進を行う。続いて、ニューヨークのリバーサイド教会で反戦団体「ベトナムを憂慮する牧師と信徒」の聴衆三千人を前に、「アメリカを愛するがゆえに」と強調した上で、最も包括的となる反戦演説「ベトナムを越えて」を行った。

五五分間の演説のなかでキングは、牧師としての忠誠心はナショナリズムを超え人類全体に向けられている点、かつ「最も小さい者」(「マタイによる福音書」二五章三五〜四五節)のために語るべく召し出されている点を強調した上で、反戦理由に「貧困との戦い」の破綻、都市暴動を起こした若者との対話、米兵戦死者の増加、ベトナム民衆の犠牲者の増加をあげる。

そして、連邦政府を「今日の世界における最大の暴力調達者」と批判し、「敵」の視点にも目を向けるよう訴え、連邦政府に五つの明確な行動を求めた。南北での爆撃の全面停止、一方的停戦宣言、タイとラオスでの軍事行動の縮小、和平交渉への解放戦線側の参加承認、在外米軍全ての撤退時期の設定である。さらに、アメリカの若者に対しては、良心的兵役拒否者になるよう説いた。

非難の集中砲火

キングは道徳的責任を果たせたことに満足する。しかし、「愛国心」が高揚する戦時下では、「非国民」とみなされることは必至だった。世論の過半数がベトナム戦争を「誤り」とみなすのは六七年一〇月以降、メディアがベトナム戦争の早期終結を唱えるのは六八年二月以降、まだ先のことである。ハリス世論調査(六七年五月)に基づけば、キングの反戦表明に対し、アメリカ人の七三%は不賛成(九%のみ賛成)で、黒人の場合でも四八%が不賛成(二五%が賛成)であった。加えて、アメリカ人の六〇%は、キングが公民権の大義を傷つけているとみなし、そうみなさない者は三%にすぎなかった。

反戦演説直後から、キングは非難の集中砲火にさらされる。一部の賞賛を除き、リベラル有力紙すらキング非難の列に加わった。キングの反戦演説を、『ワシントン・ポスト』紙は「辛辣で有害な主張や推論」とし、過去のキング支持者は「今後かつてのような信頼を寄せることは決してない」と書いた。『ニューヨーク・タイムズ』紙は「公民権と平和の運動は決して結びつかない」と突き放し、『ライフ』誌は「扇動的中傷」と断じた。

黒人有力紙や黒人有力指導者も冷淡に反応する。『ピッツバーグ・クーリエ』紙は、アメリカ黒人を「悲劇的にも誤りに導いている」と嘆き、唯一の連邦上院議員エドワード・ブルック

国連広場での反戦デモ集会で演説するキング．ニューヨーク，1967 年

は「政治的判断を疑う」と批判し、連邦下院議員アダム・クレイトン・パウエルは「マーティン・ルーザー（＝敗者）・キング」と揶揄した。さらに、アメリカ黒人初のノーベル平和賞受賞者（五〇年）で国連大使のラルフ・バンチやNAACP会長ロイ・ウィルキンズ、NUL事務局長ホイットニー・ヤングに至るまで、公民権問題と平和問題を結合させるいかなる試みも「深刻な戦術的誤り」と宣言したのである。

キングは、態度を変えることなく、多数の団体が春季動員委員会の下で計画したニューヨークでの反戦デモ集会に参加する。予想を上回る二〇万人の参加に勇気づけられ、キングは国連広場での演説で「爆撃を停止せよ」を反復した。だが、この一大反戦集会への参加後、次なる一手を見定めることは簡単ではなかった。市民へのティーチ・

イン拡大か。第二のデモ行進の計画か。連邦議員の「ハト派」との関係強化か。他に、キング＝スポックによる第三政党からの六八年大統領選出馬の要請も来ていた。

しかし、公民権問題ですでに数人分の仕事をこなしているキングに、反戦活動に取り組むことは実質的に不可能であった。そこで、キングは以後も講演や説教で公然と反戦を唱え続ける一方、持てる力全てを貧困と経済正義に集中することにする。第三政党からの出馬要請も記者会見で否定した。そもそも政治家になる野心はなく、牧師としてつねに「国家の良心」でありたいと望んだからである。

公民権諸団体の分裂

ベトナム戦争は、黒人自由運動に破壊的影響をもたらした。それは、黒人社会に支持か不支持かの選択を迫ったからである。キングの反戦表明は、公民権諸団体と黒人指導者の分裂を決定づける「引き金」であった。NAACP、NUL、黒人政治家のみならず、寝台車給仕組合委員長フィリップ・ランドルフ、キングの助言者ベイヤード・ラスティンまでもが、キングを「戦術的誤り」としジョンソン大統領側についた。もちろん、そこには相応の理由がある。

これら公民権団体や黒人指導者は、二〇年代「パーマー・レイド（反共赤狩り）」から五〇年代「マッカーシズム（反共赤狩り）」の弾圧を生き残ってきた。反共政策において連邦政府を敵

ジョンソン大統領．左はフーバーFBI長官

にまわすなという教訓を学び、連邦政府が許容する範囲内で黒人の地位向上を進めてきたのである。戦争協力は、その一つの手段だった。実際、第二次大戦下における軍需産業分野での雇用差別撤廃は、「忠誠心」と引き換えに勝ち取られたのである。さらには、ジョンソン大統領ほど黒人の地位向上に尽くしてきた大統領はいないという評価も働いていた。

しかし、公民権へのジョンソン政権の関心低下、連邦議会の保守化、「白人の巻き返し」を前に、もはや連邦政府が許容する範囲内では黒人や貧者の自由達成は無理というのが、SNCCやCORE同様、キングの認識であった。そして、今やベトナム戦争に没頭するジョンソン大統領こそ、黒人自由運動の障害とみていたのである。しかし、この立場はアメリカの冷戦政策に盾突くことを意味し、ジョンソン政権による黒人自由運動の押さえ込みを招くのである。

キングの反戦表明は、当然のごとくジョンソン大統領を激怒させる。大統領顧問は、キングを「共産党シンパ」と呼び、FBI長官フーバーは、「キングはわが国を蝕もうと企てる破壊活動勢力の手先である」と大統領に告げる。ジョンソン大統領は、以後、NAACPのウィルキンズとNULのヤングを「正統」な指導者とみなし、キングを無視する。SNCCのカーマイケルとCOREのマッキシックは、反戦表明を行ったキングを賞賛した。だが、両者とキングとでは対立点もあった。両者は白人排除の黒人民族主義と暴力肯定の立場をとり、キングは人種間の連携と非暴力徹底の立場をとる。こうして、キングは孤独の道を歩むことになるのである。

第3節　貧者の行進

人権の闘い

国内の「最も小さい者」、すなわち黒人と貧者のために何ができるか。六七年五月のSCLC会合で、キングは次の点を強調する。今や焦点は「公民権から人権へ」移ったと認識する必要がある。すなわち、まともな生活、家、仕事、教育を得る権利(社会権)である。世界一豊かなこの国になぜ四千万人もの貧者がいるのか。この問いを突き詰めれば、アメリカの既存の構造、特に「現行の資本主義体制」は根本的に間違っているからと答えなければならない。したがって、われわれが目指すべきは既存の体制への統合ではない。むしろ、アメリカの価値観を

「財産や利益中心」から「人間中心」へと転換し、貧者に対する「政治的パワーと経済的パワーの根本的な再配分」の実現を目指さなければならない。

そう語るキングは、どのような社会を思い描いていたのか。その原型は大学院時代にあり、キングはこう書いている。古典的な資本主義は人生が「社会的」であることを見落とし、極端な貧富の差を生み出してきた。一方、古典的な共産主義は人生が「個人的」であることを見落とし、政治的全体主義を生み出してきた。それゆえ、正しい社会とは、資本主義と共産主義がそれぞれ部分的に持つ真実を調和させる「社会的な意識のある民主主義」の社会なのだ、と。

そのような社会の一つの可能性を、キングは北欧型の社会民主主義のなかに見ていた。国家が国民の福祉に責任を持ち、完全雇用、基本的な社会保障の提供、適切な富の再配分を行う。ノーベル平和賞授賞式の際、「失業者もなく、スラムもなく」、質の高い教育と医療体制を整備する北欧諸国を訪問し、アメリカも学ぶべきところは多いと感じたのである。

そのアメリカが伝統的に強力に擁護してきたものは自由権、すなわち個人の所有権に基づき、個人が国家の干渉を最大限受けない権利である。それは自助の強調でもある。個人の所有権の概念は、資本主義経済と結びつき、生産手段、利益、財産を所有できる者とできない者という形で極端な貧富の差を生み出す。富裕層は政治に影響力を行使し、国家による格差是正の試みを自由権の侵害として弱めようとする。貧者は経済基盤を失い、独立宣言の理念「生命、自由、幸福追求の権利」を実質的に奪われていく。

大恐慌以降、連邦レベルでの社会保障・福祉制度に道が開かれてきたことは事実である。しかし、その主軸は就労を前提に、関係当事者の拠出により失業時や退職時に受給する社会保険の充実であり、税金で賄う公的扶助は児童を持つひとり親家庭などに限定されてきた。しかも、実施主体の州により、社会保険の適用範囲や公的扶助の細則は統一を欠き、そこに人種差別が介在してきたのである。ジョンソン大統領が成立させた経済機会法とて、貧者のうち就労可能な者に対する「機会」の提供（貧困者全体の七分の一）であり、六五年社会保障法、すなわちメディケイド（低所得者医療扶助）とメディケア（老齢者医療保険）も、国民全員を対象とするものではなかった。アメリカの社会保障・福祉制度は、社会権の保障からは程遠いものだった。

キングの社会権の主張は本質的には福音理解、すなわちイエスは貧者の解放に関心を持つという、青年期にすでにキングの社会的福音の核を構成していた聖句（「ルカによる福音書」四章一八～一九節）に根差すものだった。キングは強調する。「私は、インスピレーションを、失意の人を癒すために自分は油を注がれた者であるといわれたガリラヤの聖者、イエスと名づけられた人から受けた」。社会民主主義であろうが、「何と呼ぼうがかまわない。（中略）しかし、この国の富は全ての神の子らのためによりよく配分されなくてはならない」［強調―筆者］。

続く「長い暑い夏」

そう確信するキングの目の前で、次々と都市暴動が発生する。六四年以来、六五年のワッツ暴動、六六年の四〇件の暴動と、毎年夏に暴動が発生し、「長い暑い夏」と形容されてきた。それが六七年には一五〇件に達し、七月二三日には最大級の暴動がミシガン州デトロイトで起きる。黒人の無許可酒場に対する白人警官の手入れを発端とするデトロイト暴動は、州兵では手に負えず、州知事の要請により連邦軍が投入され、五日後に沈静化される。死者は四三人、負傷者は一二〇〇人、逮捕者は七二〇〇人、建物の放火と破壊は二千件を数えた。

キングは直ちにジョンソン大統領に電報を送り、こう訴えた。「暴力と破壊は止められなければならない」が、真の原因は「連邦議会がゲットーの黒人の生活破壊を止める法可決を絶えず拒んできた」ことにある。黒人若者の失業率が四〇％にも達するゲットーに「法と秩序」を取り戻したいなら、雇用創出のための「国家機関を創設」して「失業を完全に直ちに終わらせる」よう提案する。

しかし、優先順位をベトナム戦争に置くジョンソン大統領に、電報の効果はなかった。デトロイト暴動後、ジョンソンは暴動の実態、原因、再発防止の解明を目的に、イリノイ州知事オットー・カーナーを委員長に任命し、「全米国内騒動諮問委員会」を設置する。だが、それは形式にすぎなかった。調査報告(「カーナー報告書」六八年三月)は、正しくもこう結論づける。暴動の原因の上位は、白人警官の暴力的態度、失業、不十分な住宅、不十分な教育が占め、「白人の諸制度がゲットーを創り出している」。そして、「我が国は黒人社会、白人社会という二つの社会――分離し、かつ不平等な社会――に向かって進んでいる」と。にもかかわらず、ジョンソン大統領はこの報告書を実質的に無視するのである。

市民的不服従

連邦政府が都市暴動の根本原因の除去に無関心であり続けるならば、これと「対決」しなければならない。また、都市暴動を防ぐには、非暴力が暴力以上の効果を生み出せると証明しなければならない。六七年八月のSCLC年次大会で、キングは決意をこう語る。そのためには、「抗議行動に非暴力の性質を失うことなく攻撃性を付与する」必要がある。その唯一の方法は、「都市を破壊せずにその機能を麻痺させること」、すなわち「市民的不服従」しかない。

キングの市民的不服従の構想は、九月のSCLC幹部会合において「貧者の行進」計画に発展する。この会合に参加したミシシッピの公民権派の弁護士マリアン・ライトは、同州の貧困地域では黒人が飢え医療も受けられないと報告し、この恐るべき現状に注意を向けさせるためには、貧者の一団を首都ワシントンに連れていき、保健教育福祉省の前でシット・インを行う必要があろうと提案したのである。この着想に触発され、キングは全国から貧者を動員し連邦政府の目の前で貧者の窮状を劇的に可視化させようと考えるに至る。

「貧者の行進」計画

「仕事か年間所得保障」を掲げる「貧者の行進」は、抗議レベルを段階的に上げながら、連邦政府が貧困対策を打ち出すまで首都ワシントンに留まる計画だった。第一段階は、六八年四月、キングと一〇〇名の指導者が政府高官に要求を提示した後、北部一〇都市と南部五地域から非暴力に訓練された貧者三千人がワシントンのナショナル・モールに貧民街を再現しデモを行う。第二段階は、あらゆる人種、階級、分野の支持者が加わり、デモの規模を拡大する。第三段階は、長期投獄を覚悟の上、政府諸機関と場合によっては道路に座り込んで首都機能を麻痺させる市民的不服従を展開する。最大の要求は年間三〇〇億ドル(ベトナム戦費に近い額)を投じての連邦政府による包括的な貧困対策であったが、最低限の要求として完全雇用法と年間所得保障法の成立、スラムが除去されるまで年間五〇万戸の低価格住宅建設を掲げた。

「貧者の行進」計画には、従来のSCLCの運動とは異なる三つの次元が加わっていた。第一は、市民的不服従である。これまでキングは、南部の人種分離法や州裁判所命令は公然と破ってきたが、国家に対する市民的不服従は除外してきた。最終手段とはいえ、「貧者の行進」計画にはこれを含めたのである。

第二は、黒人だけでなく先住民、ラティーノ、白人も含む「貧者の連合」である。貧者を「最も小さい者」とみるキングにとり、人種の違いを超えた貧者の連帯は何より道徳的命令であった。だが、戦術的考慮も含まれた。非暴力抵抗は大衆を必要とするが、非暴力の効果に懐疑的な黒人の若者が増えるなか、人種を超えた大衆から支持者を掘り起こすことは、賢明な戦略でもあった。

第三は、福祉権である。六八年二月初め、シカゴで「全米福祉権団体」(NWRO)に「貧者の行進」への支援を求めた際、キングは痛烈な批判を受ける。黒人貧困女性を中心に六六年六月に誕生したNWROは、反動的な六七年社会保障法改正法案と闘っていた。法案は、福祉受給者を社会の「荷物」とみなし、指定就労プログラムに従事しないひとり親(多くはシングルマザー)の受給資格(要扶養児童家族手当)を取り消すというものだった。法案は、六七年一二月に上下両院で可決し、六八年一月にジョンソン大統領の署名で成立する。

男性失業者の雇用を福祉より重視してきた点で、キングも男性中心主義的であった。女性を含めずして貧困問題は解決しないのに、NWROが法案と闘っていたときに、「あなたは、今まで一体どこにいたのか」と非難される。自責の念と共に、キングは福祉に詳しくないと率直に謝罪し、教育してほしいと申し出る。SCLC同僚の多くは、「貧者の行進」へのバックラッシュが一層高まるとして、福祉権を含めることに反対した。しかし、キングは反対を押し切り、六七年社会保障法の廃止を目標の一つに含める。SCLCの「市民教育プログラム」を担ってきたセプティマ・クラークは、ここにおいて、キングが他の同僚と異なり、女性を真に運動に含める道を歩み始めたと深く感動した。

無数の障害

しかし、「貧者の行進」には無数の障害が立ちはだかる。六七年九月以降、キングはまずSCLC幹部を説得しなければならなかった。アンドリュー・ヤングはキングを支持したが、ベヴェルはベトナム反戦を、ジェシー・ジャクソンは「パンかご運動」の全国化を優先すべきと主張した。他に財政難や目標と計画の不明確さなどの懸念も出たが、キングは押し切る。

「貧者の行進」を公表して以降、今度は全国から三千人を募る任にあたる現場スタッフから不満があがる。実現も勝算も不確かな計画に向けて、現地住民をどう組織化すればよいのか。キングは翌六八年一月半ばに緊急に三日間のスタッフ会議を開き、今大事なことは黒人と貧者に暴動に代わる変化への希望を与えることであり、このまま何もせず再び都市暴動を迎えることの方がよほど危険である点に注意を喚起し、スタッフに理解を求める。

ブラック・パワー活動家への対応も難題となる。キングは首都ワシントンに飛び、今やSNCC委員長を辞め「黒人統一解放戦線」(BUF)を組織するカーマイケル、そのカーマイケル以上に暴力革命を唱えるラップ・ブラウンSNCC委員長と会談する。両者は人種を超えた連合にも非暴力にも否定的で、「貧者の行進」は失敗すると見ていた。キングは、妨害はしないという「曖昧な」約束しか取り付けることができない。

人種差別と貧困の解決に不可欠な要素、すなわち労働組合との連携もおぼつかない。最大組織「アメリカ労働総同盟・産業別組合」(AFL−CIO)の指導部はベトナム戦争を全面支持し、キングとは対極にあった。また、加盟労組の多くは黒人差別を温存する傾向があり、一部を除けば、ブラック・パワーを拒絶したのと同様、「貧者の行進」とも距離を置く。

数々の障害にぶつかり組織化は一向に進まず、二月上旬までに現場スタッフは全部で三〇〇人の貧者しか集められずにいた。キングはひどく落胆し、計画中止の可能性まで口にする。最終的には、開始日を三週間遅らせ四月二二日とし、現場スタッフは組織化努力を倍加させるとキングに誓う。

しかし、さらなる打撃が加わる。キングの長年の助言者ラスティンが、「貧者の行進」に反対を表明し、次いでSCLC理事の一人マリアン・ローガンも反対する「覚書」を理事全員に配付する。二人とも、市民的不服従を含むこの計画は、連邦政府と連邦議会を一層硬化させ、次期選挙で保守派議員を当選させるバックラッシュを招くだけと論じたのである。キングの懸命な説得も、二人の態度を変えるには至らなかった。

緊張した面持ちでフーバー長官のオフィスを出るキング．1964年11月．キングは1956年以来，FBIの監視対象になっていた

ＦＢＩによる弱体化工作

一層恐ろしかったのは、ＦＢＩによる弱体化工作である。広い文脈では、その対象はキングだけではなかった。六七年八月、ＦＢＩは反共対策用の既存の対敵諜報活動に加え、「黒人民族主義憎悪集団」を対象とする対敵諜報活動を開始する。その目的は、対象団体（人物）の活動を「暴露し、邪魔し、誤導し、信頼失墜に導き、あるいは無力化する」ことであった。

対象団体（人物）のなかには、ＳＮＣＣやカーマイケルやラップ・ブラウン、また六六年カリフォルニア州オークランドで結成し支部を拡大する「ブラック・パンサー党」「ネイション・オブ・イスラーム」をはじめ多数が含まれていた。これら活動家や団体は、黒人民族主義と暴力肯定のレトリックを使用し黒人コミュニティの自衛と自治を目指していたが、根本的には真の争点、すなわち「ホワイト・パワー」の乱用と闘っていた。それゆえ、ブラック・パンサー党などは、貧困児童に対する無料の食事配給や無料の治療提供も積極的に行っていた。しかし、こうした団体や活動家はすべて、FBIによる弱体化工作の対象となる。

そして、FBIはキングとSCLCも「黒人民族主義憎悪集団」に指定していた。なぜなのか。六八年三月四日付のFBIの内部文書はこう書く。「戦闘的な黒人民族主義運動を統一し、感電させる「救世主」の出現を防ぐこと」。キングが非暴力を捨て黒人民族主義を受け入れることになれば、「キングはこの座(救世主)に就く真に現実的な候補者になりうる」。無論、キングが非暴力を捨てることはありえない。しかし、この内部文書は、FBIがこの時期、キングを既存の体制にとり「真の脅威」とみなしていたことを示している。

FBIは、「貧者の行進」を潰そうとする。驚くべきことに、SCLC内にはFBIへの情報提供者がいた。六四年一〇月に会計士としてSCLCアトランタ本部に雇われたジェームズ・ハリソンである。ハリソンの買収に成功したFBIは、六五年秋以降、SCLCの財政状況、会議内容、活動計画などを逐一把握する。ハリソンの情報を利用し、親密なメディア機関や情報屋を通じ、FBIは嘘の情報を拡散させる。その中には、「「貧者の行進」に参加すると福祉受給資格を取り消される」「キングは共産主義者に操られている」「裏切り者である」「キングは貧者を利用して自己の名声を高めたいだけである」などが含まれていた。

FBIによる嘘の情報の拡散効果を測ることは難しい。しかし、「貧者の行進」計画に対するメディア全般の反応は否定的だった。保守派名門誌『ナショナル・レビュー』が「血なまぐさい人種戦争に終わるだけ」と非難したに留まらず、全米最大の発行部数を誇る『リーダーズ・ダイジェスト』の社説も「反乱」になると警告した。

灯る希望

あらゆる方面から批判と攻撃が降り注ぎ、死の脅迫も増えるなか、キングの肉体的・精神的疲労は極限に達する。コレッタも同僚も、キングは「消耗しきり」「精神も疲れ果て」「深い悲しみをにじませ」「眠れず」「孤独で」「落ち込んで」いたと指摘する。

六八年三月三日、アトランタのエベネザー教会で行った説教「実現せざる夢」は、絶望のなかでも必死に希望をつなぎとめようとするキングを映し出していた。キングは、「人生は砕かれた夢の絶えざる物語である」と認めた上で、一二年前のモンゴメリー・バスボイコット運動で起きた宗教体験に言及し、「イエスは私を決して見捨てないと約束してくれた」と、自己を根底で支えるものに目を向けようとした。

そうしたなか、「貧者の行進」は、ようやく軌道に乗り始める。都市によっては目標数を超える貧者を組織でき、ダイレクト・メールによる寄付金調達も功を奏し始め、いくつかの労働組合や宗教関係者の支援も取り付けられた。そして、アトランタで開催されたＳＣＬＣ主催の会議では、先住民、プエルトリコ系、メキシコ系、貧困白人など五〇を超える非黒人団体が、

「貧者の行進」を支持し参加すると表明する。人種を超えた「底辺からの連合」が生まれつつあった。キングは、「これは極めて意義深い出来事である」と喜ぶ。

こうして「貧者の行進」に希望が灯り始めた三月半ば、キングはテネシー州メンフィスからの電話を受けた。ジェームズ・ローソンからである。ローソンはその頃、メンフィスで黒人清掃労働者のストライキを組織していた。「マーティン、メンフィスに来てみんなを勇気づけてやってくれないか」。親友からの申し入れにキングは同意し、メンフィスへ向かうことを決める。終焉の地、メンフィスへ。

第6章
「実現せざる夢」に生きる

「私は山頂に登ってきた」．暗殺の前夜に行った最後の演説でのキング．メンフィス，1968年4月3日

第1節　絶望の淵で

黒人清掃労働者ストライキ

テネシー州メンフィスの黒人の経験は、人種差別と貧困と戦争という「三つ組みの悪」がアメリカをいかに蝕んでいるかを示す典型例であった。黒人は市人口五〇万人の四割を占めるが、世帯平均所得は白人の三分の一で、六割(白人の四倍)が貧困ライン未満であった。人種に基づく労働市場がなおも存在し、男性は低賃金労働、女性は家政婦と相場が決まっていた。人種差別と貧困ゆえ、黒人の若者は軍隊の方がましだとベトナム戦争に志願し、多くは戦死していく。

黒人用の「最も卑しい仕事」が、市の清掃労働である。低賃金で時間払い、残業代はない。フルタイム勤務でも貧困ラインに届かず、保険加入もできない。白人監督は黒人清掃労働者を未だに「ボーイ(小僧)」と呼び、市は手袋も作業着も提供しない。老朽化し安全装置を欠くゴミ収集トラックは長年危険と指摘されてきたが、市は平然と使い続けた。

一九六三年、清掃労働者のT・O・ジョーンズは、労働組合を組織しようとして解雇される。

翌年、彼は公務員の全国的労働組合「米国州郡市職員同盟」(AFSCME)に掛け合い、メンフィス支部を作ろうとする。テネシー州はこの労働組合を認可していたからだ。ところが、市当局は支部認可を拒否し、六六年には裁判所命令を得てストライキを禁止する。

六八年二月初め、二人の清掃労働者がゴミ収集車の圧縮機に巻き込まれ死亡する事故が起こった。しかし、市は二人の家族に一か月分の給与を払っただけだった。それは、家族が出した葬儀費の半分に過ぎない。清掃労働者は、再び待遇改善と労働組合認可を市に要求する。だが、ヘンリー・ローブ市長が拒絶したため、一三〇〇人がストライキに突入した。

「私は人間である(I AM A MAN)」と書いたプラカードを掲げ、デモ行進する清掃労働者を、警官が警棒と催涙ガスで襲う。そこで、ストライキ側はコミュニティ全体を動員することに踏み切る。「平等を目指すコミュニティ行動」(COME)が組織され、牧師、学生、労働者がボイコットや行進に参加した。これに対し、ローブ市長は「外部の扇動者の仕業」と訴え、白人コミュニティの結束をはかり、スト破りを雇い、運動の無力化を狙った。

対決的な状況にあるメンフィスでCOMEの活動を率いてきたのが、ジェームズ・ローソンである。黒人の士気を高め全国的関心を引き起こそうと、ローソンは電話でキングに演説を要請する。キングは「貧者の行進」準備のため一旦断るが、三月一七日、再度の電話で受け入れたのだった。

メンフィスへ

キングの補佐たちはメンフィス行きに反対した。キングは「貧者の行進」への支援を募るため、週に三五も演説をこなす超過密スケジュールで動いていたからである。しかし、キングは断れないと感じた。「貧者の行進」で貧者を助けようとしている自分が、メンフィスの清掃労働者を見捨てられようか。ローソンからの電話の翌日、キングはメンフィスに飛んだ。

大衆集会の会場であるメイソン・テンプル教会に到着すると、キングらは思わぬ高揚感を味わう。清掃労働者や支援者など一万五千人がぎっしり埋め尽くし、キングを総立ちの拍手喝采で迎え、一時間を超える演説中、キングが発する一語一語に熱狂的に応答し続けたのである。

宗教的情熱と政治的行動を結びつけて、キングはこう切り出す。「すべての仕事には威厳がある」「この豊かな国に住みながら餓死するような賃金しか受け取れないのは、犯罪なのだ」。そして、ローブ市長がたとえ「ノー」と言いたくても、「イエス」と言わせるようなパワーを団結によって生み出そうと訴える。さらに「貧者の行進」に重ね合わせ、「私がここにやってきたのも、もしアメリカがその富を用いないなら、アメリカも地獄に行くと言うためである」と預言者的警告を発する。しかし、最後は絶望を希望に結びつけ、こう締めくくった。不屈の信仰をもって行動すれば、「新しいメンフィスを作ることができる」と。

聴衆は万雷の拍手で応じた。そこには、「ブラック・パワー」と叫んで演説を中断する黒人も、「裏切り者」「共産主義者」と野次を飛ばす白人もいなかった。あったのは、六〇年代前半の大衆集会の「あの熱気」だった。聴衆の期待を察知したローソンは、キングにデモ行進の先導を頼む。感動したキングはこれに同意する。全国の都市で暴動が続くなか、メンフィスでは一か月もの間、非暴力が貫かれているではないか。メンフィスは、「貧者の行進」にとっても希望の光である。キングは、三月二二日に再びメンフィスに戻り、行進を先導すると約束する。

最悪の事態

三月二二日は大雪にみまわれたため、行進は二八日に延期された。キングは、三月一九日以降、再び一週に三五の演説をこなすペースでミシシッピ州、アラバマ州、ジョージア州、それにロサンゼルスとニューヨークを飛び回り、二八日早朝、メンフィスに向かう。

午前一一時、キングが到着するや行進は始まった。ところが、クレイボーン・テンプルＡＭＥ教会から市庁舎までの行進は、最悪の事態に発展する。キングが一万五千人の参加者と数ブロック進んだとき、後方で騒動が起きたのである。プラカードで商店のガラスが割られ、略奪が始まった。警官は警棒と催涙ガスを無差別に使う。ローソンは「行進中止」を呼びかけ、ＳＣＬＣ側近はキングを遠くのホテルまで車で避難させた。一六歳の黒人少年が警官に射殺され、

行進は統制を欠き，略奪が起こった．写真右の白いシャツの少年がこの後，射殺されてしまう

五〇名が病院に搬送され、一二五名が逮捕される事態となった。ローブ市長は、一九時以降の外出禁止令を出し、州兵四千名を巡回にあてた。

何が起きたのか、キングにはわからなかった。その後、翌朝にかけて事情を把握する。まず、犯罪常習者が紛れ込んでいた。また、怒れる高校生も加わっていた。当日朝、行進参加のため学校を抜け出す多数の高校生を警官が過剰暴行で取り締まり、少女が負傷していた。さらに、ブラック・パワーと暴力戦術を唱える「インベイダーズ」の影響を受けた若者も混ざっていた。暴力と略奪の行為者は一〇〇名足らずだったが、参加者が膨れあがるなか、ＣＯＭＥは行進を完全には統制できていなかったのである。

キングは記者会見を行い、三点を強調した。ＳＣＬＣは行進の計画に関与していなかったこと。「貧者の行進」は予定通り行うこと。後日メンフィスに戻り、今度はＳＣＬＣ主導の下で行進を成功させること。同時に、警官の過剰暴力が黒人の暴力的反応を引き出していること。それを、メディアは見落とすべきではないと注意を喚起する。

しかし、メディアの関心は、「キングの行進で暴力が発生した」という一点に集中する。その後の報道はもっぱら、キングの指導力と「貧者の行進」を疑う既存の否定的評価を上塗りするものだった。南部地方紙はもっぱら、行進を率いておいて暴力発生と共に「隠れた」キングを、「臆病者」「偽善者」、非暴力で偽装する「扇動者」と中傷した。『ニューヨーク・タイムズ』や『ニューズウィーク』などのメディアも、メンフィスの騒動は「ワシントンで起こりうることの前兆」であり、「貧者の行進」は中止すべきであると警告的論調を掲載した。

孤立と孤独

キングは、記者会見では平静を保ったが、絶望の淵へ突き落されていた。「貧者の行進」の支援を募ることは、予期せぬかたちで一層困難になってしまった。非暴力の訓練を受けた参加者も、暴力に発展する可能性があるなら辞退すると言い出しかねない。アトランタに戻ったキングの様子を、コレッタは「彼はとてつもない不安に襲われていた」と回想する。

三月三〇日、キングはエベネザー教会に幹部を集め決意を話す。SCLCはメンフィスに戻り、非暴力行進を成功させる指導力があると証明しなくてはならない。そうやってメディアと世論の否定的評価を払拭しない限り、「貧者の行進」の実現は困難であるし、メディアと世論の関心を「貧者の行進」が提起する真の問題、すなわち貧困対策に向け直すこともできない、と。

しかし、メンフィスに戻るか否かをめぐって幹部たちと言い争いになる。あげく、「貧者の行進」にもともと反対だったという批判まで飛び出すに及んで、キングは押さえきれず怒りを爆発させる。「あなたがたは計画を思いつくと、私を引き入れ、(中略)私はいつだって全面的に支援した」。それなのに、本当に必要なときに、「あなたがたの全面的支援が、私にはない」。そう言い放つと、キングはその場を立ち去った。幹部らは呆然とし、キングの挫折と孤独の深さに気づく。そして、キングを全面的に支援するために団結することを誓ったのだった。

最後の演説

二回目の行進は四月八日に設定された。キングの要請で、SCLC幹部の多くは四月一日までにメンフィスに入る。まず、若者に影響力のあるインベイダーズの代表者をCOMEの戦略会議に参加させる。次に、インベイダーズに行進先導という重要な役を担ってもらうことで、今回の行進では非暴力に徹する約束をなんとか取り付けた。

四月三日、キングはアトランタからメンフィスに入った。三日前、ジョンソン大統領は北爆停止声明と秋の大統領選不出馬を宣言し、国民を驚かせていた。一層高まるベトナム反戦世論がその背景にあった。キングはこの進展を喜ぶが、気は晴れない。自分の命を奪おうとする者がいる、という噂を聞いていたからである。

三月以降、キングは一層死が迫っていると感じていたに違いない。コレッタに、「何かずっと持っていられるものをあげたかった」と言って、いつも贈る花束の代わりに、造花の赤いカーネーションを贈っている。メンフィスに入る数日前、両親と夕食を共にしたときには、自分は命を奪われる可能性があると話している。あるいは、キングが搭乗した飛行機は、その危険を知らせる予兆だったのかもしれない。爆破予告があったため、入念な安全確認のため離陸が遅れたのである。しかし、死の危険はこれまでもつねに身近にあった。キングは同伴するアバナシーに、いつものようにこう言った。「怖気づくぐらいなら、むしろ死んだ方がましだよ」。

演説前に瞑想するキング．デトロイト，1968年3月17日

もちろん、キングは死を望んでいたわけではない。神は全ての人間を等しく価値ある存在として創造したのだから、自分も寿命を全うしたいと思っていた。牧師として「最も小さい者」に奉仕し続けたかったし、四人の子どもの父として家族と一緒にいたかった。そして、なにより彼はまだ若かった。

しかし、モンゴメリー以来、命を奪われる危険性はつねに身近にあり続けた。逃げようが逃げまいが、来るときは来るのである。ならば、死について思い悩むのはやめよう。その代わりに、死に値すると自己が信じる大義のために身を捧げよう。キングはそう考えるようにしてきたのである。それが、このような言葉になって出たのだった。

メンフィスに到着すると、キングはCOMEと「インベイダーズ」の代表者と会合した後、いつも利用する黒人経営のロレイン・モーテルにチェック・インした。キングは疲労と微熱のため、晩の大衆集会での演説はアバナシーに任せた。ところが、メイソン・テンプル教会に到着したアバナシーは、キングに「すぐ来てくれ」と電話する。暴風雨にもかかわらず集まった二千人の聴衆は、キングの姿がないことに落胆の表情を見せていたからである。

キングは迎えに来た幹部に連れられ、午後九時に会場に到着した。聴衆は総立ちの拍手喝采で迎える。アバナシーによる紹介の後、キングは演壇に進み出て語り始めた。四三分にわたるこの夜の演説は、すべて即興である。真の争点から目をそらさず、非暴力を貫き、みなで団結しよう。聴衆をそう励ましたキングは、「病める白人兄弟」による脅迫の噂を聞いていると述べた後、最後をこう締めくくる。

さて、私には今何が起こるかわかりません。とにかく、われわれの前途には困難な日々が待ち構えています。(アーメン *Amen*) しかし私にはそれはもう問題ではありません。なぜなら私は山頂(Mountaintop)に登ってきたのですから。(そうです Yes)[拍手] 私は心配していません。[拍手が続く] どなたとも同じように、私も長生きはしたいと思います。長生きにもそれなりの良さがあります。しかし、そのことにも私はこだわっていません。私はただ神の御心を行いたいだけです。(そうです Yes) 神は私に山を登ることをお許しになりました。(もっと話して *Go ahead*) 私は辺りを見回してきました。(そうです *Yes sir*) そして「約束の地」を見てきました。(もっと話して *Go ahead*) 私はみなさんと一緒にそこにはたどり着けないかもしれません。(もっと話して *Go ahead*) ですが、私が今晩みなさんに知って欲しいことは、(そうです *Yes*) われわれは一つの民として「約束の地」にたどり着くのだということです。[拍手](もっと、もっと話して *Go ahead, Go ahead*) ですから私は今晩幸せです。何も心配していません。誰も恐れていません。私の目が主の来臨の栄光を見たのですから。[拍手]

「約束の地(Promised Land)」という言葉は、旧約聖書「申命記《しんめい》」三四章に基づいている。最後の「主の来臨の栄光」のフレーズは、〈リパブリック讃歌〉の一節を引いている。

この日の演説を記録した映像がある。朗々と響き渡る声で堂々と語りながらも、目に涙をにじませているのが見て取れる。弱冠二六歳でモンゴメリー・バスボイコット運動を指導し始めたとき、キングは実年齢より幼くすら見えた。しかし、このときには実年齢以上に老けて見える。それは、過去一三年間の精神的、肉体的緊張の大きさをうかがわせる。キングは語り終えると同時に後ろを振り向き、壇上の後方にある席へ向かって数歩退くと、同僚に抱きかかえられ、崩れ落ちるように席に着いた。

会場は感動と興奮で満たされた。涙を流す者もいた。清掃労働者ストライキは間違いなく勝利に向かって前進している。黒人説教の伝統に基づくキングの力強い預言者的語りは、聴衆に信念と勇気を与えた。しかし、この夜の演説が、キングの生涯最後の演説となるのである。

一九六八年四月四日

市当局は、連邦裁判所に行進禁止命令を申請していた。四月四日、ヤングとローソンは、SCLC弁護士と共にこれの却下を求め、午前中から連邦裁判所にいた。ロレイン・モーテル三〇六号室(二階、一階が二〇〇番台)に滞在するキングは、そこで同僚と会合をしながら結果を待っていた。午後、キングはアトランタのエベネザー教会に電話し、次の日曜礼拝の説教題目を伝えた。それは、「アメリカはなぜ地獄に行くかもしれないか」だった。

連邦裁判所から行進許可が出たとの知らせをヤングが持って帰ったのは、夕方五時近くである。行進禁止命令が出ても行進するつもりでいたキングは、この知らせを喜んだ。その晩、キングと同僚は、ＣＯＭＥの指導者の一人、カイルズ牧師宅に夕食に招かれていた。そこで、「さあ、そろそろ身支度を整えて出かけよう」とキングは皆に言った。

午後六時、カイルズが三〇六号室をノックし、キングとアバナシーに「急ごう」と声をかける。アバナシーはまだ部屋におり、キングが先に二階バルコニーに現れる。ヤング、ベヴェル、ジャクソン、ウィリアムズら同僚は、階下の駐車場で待っている。ジャクソンがバルコニーのキングに向かって、音楽指揮者ベン・ブランチを紹介する。キングは手すり越しに、自分の愛唱歌「尊き主よ、わが手を取りたまえ」を演奏してくれとブランチに頼む。運転手のソロモン・ジョーンズが、寒くなってきたから外套を着ていった方がよいと下からキングに声をかける。キングは「オーケー」と答え、カイルズは階段を降り始める。

その瞬間であった。一発の銃声が中庭に響き渡った。

カイルズが振り向く。アバナシーが部屋のドアを開ける。キングは床に崩れ落ちている。顎から血が吹き出し、肩の

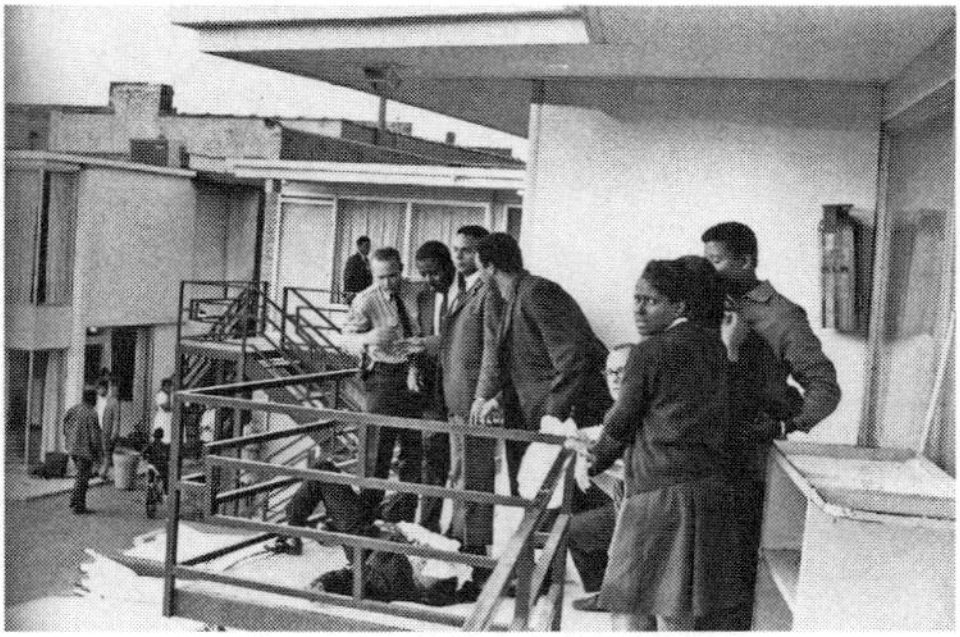

銃撃直後の写真

周りは血の海となっている。「おお神よ、おお」と叫びながら、アバナシーとカイルズが駆け寄る。「マーティン！マーティン！聞こえるか！」。アバナシーが覆いかぶさり、何度も何度も呼びかける。「マーティン、ラルフだ、心配いらない、大丈夫だ」。キングは何か言いたそうに唇を震わせる。だが、アバナシーを見つめることしかできない。

キングは救急車でセント・ジョーゼフ病院に急搬送され、緊急手術を受けた。しかし、顎から入った銃弾は頸静脈と脊髄を貫いていた。一時間後の午後七時五分、医師はキングの死亡を告げた。

第2節　意志を引き継ぐ

何がキングを殺したか

キングの命を奪ったライフルの銃弾は、ロレイン・モーテルから六〇メートル離れた、通りの向かいにある下宿屋の二階から発射されていた。現場には数々の遺留品が残されており、FBIによる捜査の結果、実行犯はジェームズ・アール・レイという白人男性であると判明した。指名手配されたレイは、二か月後、偽造パスポートで国外逃亡中に逮捕される。翌六九年三月、レイが第一級殺人罪を自ら申し出たため、裁判なしで九九年の懲役刑が確定した。

レイ単独ではなく共謀による犯行ではないか。そう信じる人々は現在も多数いる。服役中のレイ自身も後に、自分ははめられたのだと訴えた。キング暗殺から九年後の一九七七年、「米下院暗殺調査特別委員会」が調査を開始し、二年後に報告書を出した。レイの犯行であるのは間違いない。ただし、決定的証拠はないが共謀の可能性はある、という見解を示した。レイは強盗常習犯で、黒人への憎悪もあったが、犯行は金目当てであったという。それは金を出す者の存在を示唆するが、同委員会は、共謀者はレイの兄弟や報奨金を触れ回る集団に限られ、市、州、連邦にまで至る政府機関はキング暗殺とは無関係と結論づけた。

共謀による犯行の可能性を示唆したこの報告書は、疑問を解決するよりむしろ複雑にする。とくに、ＦＢＩの執拗なキング潰しの実態、またＦＢＩと地元警察が死の脅迫情報をメンフィス滞在中のキングに伝えなかった事実が明るみに出るに至り、政府機関も関わる共謀説がささやかれるようになった。レイの背後関係を疑うコレッタとキング家は、一九九九年一二月、真実を突き止めようとメンフィスで民事訴訟を起こす。陪審たちはキング家の主張を支持したが、真相は現在も依然として闇の中である。

しかし、キングを黒人自由運動と反戦活動のなかで出た多くの犠牲者の一人に位置付ければ、より重要な問いは、「誰が」ではなく、「何が」キングを殺したかであろう。では、その「何が」とは何か。それは、黒人に対する暴力を肯定し、市や州の政府や警察権力までもがこれを容認する南部白人社会の精神的風土である。キング暗殺の報に接し、平均的な南部白人はこう反応したのだ。「キングが死んだことを神に感謝する」「誰かがもっと早く殺すべきだった」「ニガーにすぎない」「この国最大の共産主義者だろ」「自業自得だ」。

だが、これだけではない。南部白人社会の暴力的精神風土に反対する声をあげない「善意」の人々の沈黙、南部白人の政治票を理由に道徳的考慮より政治的考慮を優先させる連邦政府の消極的姿勢。銃で問題を解決しようとするアメリカ社会全体の暴力的な雰囲気。さらには、「平和」を軍事力で勝ち取ろうとする連邦政府の、「目的は手段を正当化する」という姿勢。そして、恐怖や憎悪の連鎖を断ち切り和解を目指す非暴力の生き方に対して、うわべだけの価値しか認めないアメリカの精神風土。これらすべてが、「何がキングを殺したか」の文脈を作り出していたのである。

「最も小さい者」として

キング暗殺直後から、コレッタのもとには慰め、同情、支援の電報や手紙が山のように届いた。そこにキングが愛されていた証を見て取るコレッタは、深い喪失感にもかかわらず、メンフィスでSCLCとCOMEと共に、キングが予定していた四月八日の行進を率いる決意をする。コレッタは、キングが自宅を頻繁に不在にしたため、ヨランダ、キング三世、デクスター、

キングの意志を引き継いでコレッタが行進を率いた．1968 年 4 月 8 日

バーニスの四人の子どもたちを一人で育ててきた。しかし、彼女は子育てのかたわら公民権活動に積極的に参加し、とくに平和運動にはキング以上に関与していた。非暴力に対する信念と「三つ組みの悪」の認識において、コレッタ以上にキングの意志を的確に代弁できる者はいなかった。

キング追悼とストライキ支援を併せた非暴力の大行進には、二万人が参加した。その翌九日、アトランタのエベネザー教会でキングの葬儀が行われた。黒人指導者、政治家、労働組合や宗教の指導者など一三〇〇人が教会を埋め尽くすなか、コレッタの希望により、キングが死の二か月前(六八年二月四日)、この教会で行った説教「目立ちたがり屋の本能」のテープが流された。この説教を聴くと、キングにとって死は「可能性の問題」ではなく、つねに「時間の問題」であったことが伝わってくる。声を張り上げ感情を吐き出し、キングは自分の葬儀の際には皆にこう言ってほしいと語る。

その日、私はだれかに、マーティン・ルーサー・キングは他者に仕えるために命を捧げようとしたと言ってほしい。（そうです *Yes*）（中略）誰かを愛そうとしたと言ってほしい。（中略）戦争の問題について正しくあろうとしたと言ってほしい。（アーメン ***Amen***）（中略）飢えた人に食べさせようとした、（そうです *Yes*）（中略）裸の人に着せようとした、（そうです *Yes*）（中略）獄につながれている人を訪ねようとしたと言ってほしい。（主よ *Load*）（中略）人間を愛し、人間に仕えようとしたと言ってほしい。（そうです *Yes*）そう、もしみなさんが私は目立ちたがり屋だったと言いたければ、どうか正義のための目立ちたがり屋だったと言ってほしい。（アーメン ***Amen***）（中略）平和のための目立ちたがり屋だったと、（そうです *Yes*）（中略）恵みの業《わざ》のための目立ちたがり屋だったと（中略）。他の表面的なものは重要ではない。（そうです *Yes*）私は後に遺すいかなる金も持つつもりはない。後に遺す立派でぜいたくな人生の品々も持つつもりはない。私はただ、捧げ尽くした人生を遺していきたい。（アーメン ***Amen***）それが私の言いたいことのすべてだ。

実際、キングは財産をほとんど遺さなかった。家を所有する気はなく、六五年まで老朽化した借家に住んだ。その後、四人の子どものために住環境を改善したいというコレッタの説得で、ようやく一軒家を購入した。だが、当時の平均的な住宅価格の半額(一万ドル)で、かなりの修繕を必要とする質素で小さな家だった。彼の個人所得はエベネザー教会の共同牧師としての控えめな給与だけであり、講演の謝礼や本の印税などはすべて運動に投じた。凶弾に斃れたとき、キングの預金口座には、当時の六人家族の貧困ラインとされる年間所得とほぼ同額の、五千ドルほどしかなかったという。

キングの棺を運ぶ葬列

エベネザー教会での葬儀の後、キングの棺は公葬が行われる母校モアハウス・カレッジに運ばれた。五キロの行程を、一〇万人が〈*We Shall Overcome*〉を歌いながら行進した。キングの棺は、粗末な荷車に乗せられ、二頭のラバが引いた。ラバと荷車は南部の貧農の生活道具で、キングはそれを「貧者の行進」の象徴にしていた。「最も小さい者」のために命を捧げたキングの棺を運ぶにあたり、ラバが引く荷車以上にふさわしいものはなかった。公葬の後、キングの棺はアトランタ市内にあるサウス・ヴュー墓地の、祖母のかたわらに葬られた。一九七七年以降、キングの墓は、コレッタがエベネザー教会の隣に設立した「非暴力的社会変革のためのマーティン・ルーサー・キング・ジュニア・センター」の中庭に移された。二〇〇六年以降は、コレッタの墓石がキングの墓石の隣に置かれている。

死の衝撃から

キングの死は、メンフィスの清掃労働者ストライキを後押しした。市内の白人牧師たちが沈黙を破って運動に加わり、三〇〇人が市庁舎に向かって行進し、ローブ市長に清掃労働者の労働組合を認めるよう迫った。市内の実業界も早期決着を求め始める。加えて、連邦司法省と連邦労働省からの交渉再開圧力も加わった。これを、四月八日の非暴力による大行進が後押しした。四月一六日、市当局は清掃労働者の労働組合と最低賃金の引上げを認め、メンフィスの清掃労働者は勝利を手にしたのである。

キングの死はまた、六八年公民権法の成立を加速させた。この公民権法には、公民権等の活動家に加えられる暴力を連邦法上の刑事犯罪として処罰する条項(第一篇)と、住宅差別を禁じる公正住宅法(第八篇)が組み込まれた。これらは、キングが立法化を強く求めながらも、「白人の巻き返し」のなか、六六年の連邦議会において廃案に追い込まれたものである。これらの法案はその後再び連邦議会に上がったが、とくに公正住宅法案の通過は困難とされていた。

しかし、キング暗殺が連邦政府と連邦議会に衝撃を与えた。四月五日、ジョンソン大統領は上院の公正住宅法案を下院が迅速に可決するよう要請し、四月七日を国民服喪の日として布告する。その後、下院議員の三〇名近くが上院案の賛成に転じ、四月一一日、六八年公民権法がジョンソン大統領の署名により成立した。

連邦政府に南部白人の暴力を処罰する広範な権限を付与し、住宅売買に関わる諸機関による人種差別を処罰する権限を付与したことは、人種間の社会正義を一歩前進させる画期性をもっていた。しかし、六八年公民権法は同時に、治安紊乱《びんらん》行為への罰則強化も含んでいる(第一〇篇)。これは、暴動を扇動する目的で州境を越える者を犯罪者として処罰する法で、都市暴動に対し「法と秩序」を説く保守派の意向を反映して組み込まれた条項である。この点で、六八年公民権法は画期性と保守性の両面をもつものとなった。

復活の街

キング暗殺に対する黒人の怒りは、全米の都市で暴動というかたちで現れた。暗殺から一週間のうちに一二五都市で四三人が死亡し、二万人が逮捕された。黒人は、思想的・戦術的相違

首都ワシントンに作られた「復活の街」

にもかかわらず、キングが黒人の自由のために闘ってきたことを根底で深く承認していた。そのキングを、白人との和解の追求者を、非暴力の人間を、白人は殺した。白人は黒人に宣戦布告した。そう感じた黒人が多かったのである。

しかし、暴動は、非暴力に命をかけたキングに対する「皮肉な追悼」に他ならない。キングならこう言うであろう。暴動を起こす黒人の怒りや痛みは理解できる。だが、暴動は「仕事と年間所得保障」という真の争点から連邦政府と世論の目をそらすだけだ。人々の目を真の争点に向けさせるため、われわれは非暴力を貫かなくてはならない、と。

ＳＣＬＣは、この認識の下、開始日を五月一二日に延期した上で、「貧者の行進」を実行する。国立公園局は、リンカーン記念堂のリフレクティング・プール南に「復活の街」を作る一時許可を出した。三千人の貧者が住めるテント村である。一二日、五万人が参加する「母の日の行進」をコレッタが率いて機運を高め、翌一三日、

ＳＣＬＣの新議長アバナシーが「復活の街」を宣言し、テント村を作り始める。全国から続々と貧者が集まる。「復活の街」に住んだ貧者二五〇〇人の多くは黒人だったが、先住民二〇〇人、貧困白人一〇〇人、ラティーノ数十人も参加した。その後は、農務省、労働省、保健教育福祉省など、政府機関に対する連日のデモが行われた。

しかし、運動の機運は徐々に衰えていく。連日降り続く雨で「復活の街」は泥でぬかるみ、水浸しになり、存続自体が危ぶまれ始める。ＳＣＬＣは日々の運営で手一杯となり、先を見据えた組織化は困難を極める。全国から集まる貧者間の意見対立も生じる。だが、最大の問題は、連邦政府と連邦議会が無視し続けたことだった。その例外的存在で、黒人と貧者が大きな希望を寄せていたロバート・ケネディ上院議員は、六月五日、民主党の大統領候補予備選挙中に暗殺される。北爆の停止と和平交渉の開始を主張し、「貧者の行進」に支援の手を差し伸べていた弟ケネディの死は、「貧者の行進」参加者に深い失望と挫折感をもたらした。

「復活の街」の住人は徐々に去り始める。六月一九日、「連帯の日」と称してリンカーン記念堂前に集まった五万人を前に、コレッタはキングが説き続けた「三つ組みの悪」の克服を訴える。これが最後の大集会となった。国立公園局による使用許可期限が切れると同時に、連邦議会は「復活の街」の封鎖に乗り出し、警官は残る参加者を催涙ガスで暴力的に追い払い、「復活の街」はブルドーザーで完全に撤去された。

「貧者の行進」は「貧者の連合」を生み出し、連邦政府と連邦議会に対して貧困を可視化させた点では、一つの成果であった。その結果、農務省からは二〇〇郡においてフード・スタンプ(食糧費補助対策)を拡大させる約束を、労働省や経済企画局からは貧者の雇用拡大の約束を取り付けるなど、いくつかの譲歩を引き出した。しかし、「仕事と年間所得保障」というキングの目標は実現しなかった。その点において、「貧者の行進」は失敗であった。その最大の要因は、天候でも、組織化不足でもない。真の争点と向き合う意志のない連邦政府と連邦議会にあったのである。それは、次の事実を指摘するだけで十分明らかであろう。ジョンソン大統領はこの時点でなお、ベトナム戦費の不足分一〇〇億ドルをまかなうため、国内予算六〇億ドルの削減を連邦議会に求めていたのである。

バックラッシュ

六八年一一月の大統領選挙は、ワシントンの政治の転換点となった。ベトナム戦争、都市暴動、暗殺事件などの混乱による社会不安が、白人主流社会を支配していた。このバックラッシュの流れに乗じて、共和党候補のリチャード・ニクソンが勝利する。ニクソンは、保守化する白人を「声なき多数派」と呼んで重視し、「法と秩序の回復」を訴えてその支持を獲得し、民主党の伝統的支持基盤を切り崩すことに成功した。

大恐慌以来、民主党は社会保障・福祉政策の拡大を伴う「大きな政府」路線を歩み、その結果、南部白人、東部白人リベラル、中西部の白人労働者、黒人などマイノリティを支持基盤とする、いわゆる「ニューディール連合」を築いてきた。しかし、六〇年代の黒人自由運動とベトナム戦争を通じて、その脆弱性が露呈した。六八年大統領選挙では、民主党候補ヒューバート・ハンフリーは東部を中心に一三州を制しただけで、深南部五州は第三政党の人種主義者ジョージ・ウォレスが制し、それ以外の南部と中西部と西部の三二州はニクソンが制した。南部の白人は民主党から離れ、中西部の白人労働者も共和党支持へと再編成されたのである。

ニューディール連合の崩壊は、「大きな政府」の終焉を意味した。ニクソン政権は、ジョンソン政権の「偉大な社会」を連邦政府の役割の肥大化と批判し、外交ではベトナム戦争の早期終結を模索する一方、内政では市場原理と自助に立脚する「小さな政府」をめざした。さらには、治安の強化、公民権への消極姿勢、経済機会局の廃止、社会福祉の縮小など、保守的政策を次々に打ち出していく。こうした「小さな政府」路線は、一九八〇年代の共和党レーガン政権期に確立し、現在に至る政治潮流を生み出していくことになる。

キングが命を賭して追求したアメリカは、貧者に対する「政治的パワーと経済的パワーの根本的な再配分」が実現されたアメリカであった。しかし、キングの死後、その追求を一層困難にするアメリカが姿を現したのである。

第3節　体制に取り込まれる

キング国民祝日の制定

一九八三年、キングの誕生日(一月一五日)を国民祝日、すなわち連邦政府が定めるメモリアル・デーとする法案が連邦議会で可決され、ロナルド・レーガン大統領の署名により成立した。これにより、毎年一月の第三月曜日が「キング国民祝日(Martin Luther King Jr. Day)」に指定され、八六年から施行されている。

キング国民祝日の制定をめざす動きは、民主党の黒人下院議員を中心に、キング暗殺直後から始まった。会期ごとに同種の法案が提出されてきたが、しばらくは連邦議会で審議されることはなかった。七九年に行われた最初の審議では法案は通過せず、全国的機運が徐々に高まるなか、八三年に法案は再び審議され可決に至る。

しかし、事情は複雑である。キングの歩みをどう記憶することが適切なのか。建国理念(生命、自由、幸福追求の権利)の成就をめざし、万人のために闘ったとキングを評価する人は多数いた。その一方で、キングを「過激主義者」「扇動家」「共産主義者」と糾弾し、連邦政府を敵にまわした要注意人物と見る人々もいた。しかも、キングの死後、まだ一五年しか経過していない。いまだ論争的なキングという人物の誕生日を「国民祝日」として祝うなど、いったいどのようにして可能になったのだろうか。

審議過程においてキングの評価をめぐって対立するなか、キングの歩みのなかで政治性の強い部分は除外するという妥協を通じて、それは可能となったのである。すなわち、キングの脱政治化（＝無害化）である。

コレッタが見守るなか，レーガン大統領はキング国民祝日の法案に署名した．1983 年

署名時にレーガン大統領が公的に述べた所見（八三年一一月二日）にそれは見出せる。レーガン大統領は、まず幼少期のキングの法的人種差別体験、モンゴメリーのバスボイコット運動に触れ、次に「バスボイコット後の数年間、キング牧師は法的平等を生涯の仕事とした」（傍点—筆者）と述べ、非暴力の教えの堅持、ワシントン行進での「私には夢がある」演説、ノーベル平和賞受賞に触れる。そのうえでレーガン所見は、一気に六八年のキング暗殺にまで飛ぶ。そして、キング牧師は暗殺されたが、彼の活動は六四年公民権法と六五年投票権法に結実し、アメリカは永久に変わったと述

べるのである。さらに最後に、今日も偏屈な信念や行為は残存するため、キング国民祝日に際してはキング牧師の隣人愛の教えを想起しようと語って締めくくられる。

今日、アメリカにおいて定式化されているキング像を「公的記憶としてのキング」と呼ぶとすれば、それはこのレーガン所見が示すような、南部公民権運動(五五年から六五年)を指導したキングの姿が中心となる。キングの何が抜け落ちているかは明白であろう。それは、六五年から六八年にかけて、法的平等追求の枠を超えて「三つ組みの悪」と闘ったキング、ベトナム反戦により連邦政府を敵にまわしたキング、「仕事と年間所得保障」による貧困根絶に命をかけて闘ったキングである。モンゴメリーのバスボイコット運動にはじまり、バーミンガム運動が明白に示して見せた、非暴力直接行動のもつ政治的インパクトも完全に抜け落ちている。

公的記憶の罠

なぜこれらは公的記憶(パブリック・メモリー)から抜け落ちるのだろうか。それは、公的記憶は国民全体で共有可能な記憶でなければならないからである。そのために、政治性の強い部分は後退させられ、結果として無害化が起こる。

南部の法的人種隔離制度の不公正さ、一連の公民権法の意義を否定できる者はいない。したがって、「法的平等を追求したキング」という記憶は、国民全体で共有可能となる。他方、晩年のキングが取り組んだ「三つ組みの悪」の根絶や「仕事と年間所得保障」は、当時も現在も国民的合意が極めて難しい政治性の強い課題である。そのため、キングの公的記憶からは除外されるのである。

同様のことは、キングの非暴力直接行動についてもいえる。キングの指導した非暴力直接行動は、対決的状況を生み出して事態を動かす、極めて戦闘的な行動である。これを、アメリカの政治制度を利用した有効な方法と記憶する者もいれば、無秩序を生み出す有害な方法と正反対に記憶する者もいる。両者の見解は鋭く対立し、互いに相容れない。したがって、キングの非暴力直接行動の意義を公的記憶に取り入れることは難しくなる。その結果、レーガン大統領の所見が示すように、キングの非暴力に対する記憶は、個人間で働く隣人愛の戒め程度にまで薄められるのである。

アメリカの大統領は毎年、その年のキング国民祝日を布告する。布告文はその都度書かれ、いる。キング国民祝日が始まった一九八六年から二〇一八年まで、合計三三回出されている。ロナルド・レーガン（共和党）、ジョージ・ブッシュ（共和党）、ビル・クリントン（民主党）、ジョージ・W・ブッシュ（共和党）、バラク・オバマ（民主党）、そしてドナルド・トランプ（共和党）、歴代大統領がそれぞれの言葉でメッセージを発してきた。

三三回の布告のうち、延べ数で直接的ないし間接的に最も多く言及されているのは、南部公民権運動と「私には夢がある」演説で、合計三〇回である。一方、晩年のキングが取り組んだ課題、すなわち経済正義や貧困問題について、間接的であれ触れているのは、一一回にとどまる(クリントン大統領四回、オバマ大統領七回)。その一一回のなかで国際平和にも触れたのは、二〇一七年のオバマ大統領による布告の一回のみである。オバマ大統領は、南部公民権運動の枠を超えてキングの遺産を認識していた唯一の大統領であったといえるだろう。このことは、公的記憶も決して固定的なものではないことを意味する。しかし、全体としてみれば、歴代大統領はキング国民祝日に際して、政治的に無害な、万民に受け入れられやすい「公的記憶としてのキング」の再生産に貢献し続けてきたといえる。

晩年のキングを忘れてはならない

公的記憶は、キングがアメリカの建国理念の成就に向けて、万人のために闘った人物と認識する点においては正しい。しかし、キングの生涯の歩みを、南部公民権運動期に限定して記憶する点においては誤りである。それは、キングの人生の実像とあまりにかけ離れている。この誤りを正そうと、公民権活動家や学者や知識人は、晩年のキングを忘れてはならないと警鐘を鳴らし続けてきた。

研究者デイビッド・ガロウは、「アメリカ人は、キングのそれ以後(六五年以後)の生とメッセージを想起する必要がある。そのメッセージは安心させてくれるものというよりは、挑戦的なものである」と訴えた。政治家ドリュー・ハンセンは、「キングが貧困のないアメリカを夢見たことを想起すべきだ」と書いた。公民権活動家で政治家ジュリアン・ボンドは、「まるでキングは八月二八日に「私には夢がある」演説をして、八月二九日に亡くなったかのようだ。(中略)その男の生涯を半分しか祝わないのは恥ずべきことだ」と嘆いた。

こうした警鐘に基づいて公的記憶を修正しようとする動きは、残念ながらまだ起きていない。「公的記憶としてのキング」は、それほど世論に深く浸透しているのである。しかし、晩年のキングを含めないキングの遺産をめぐる議論は、どれも真実の一面しか見ていないと言わざるをえない。今日、しばしばキングの「夢」はどの程度実現したかという問いが発せられる。キングが亡くなって以来、七〇年代から現在までのアメリカの動きを俯瞰するとき、この問いへの答えは、六八年四月四日のキング暗殺を起点に求めなくてはならないと筆者は考える。それが、志なかばにして倒れたキングの意志を、真に引き継ぐことになると思うからである。

終わらない課題

南部を支配していた黒人に対するあからさまな暴力は大幅に減った。公民権等の活動家に加えられる暴力を連邦法上の刑事犯罪として処罰する、六八年公民権法の効果である。非暴力を貫いたキングの死が同法の成立を促進したことを顧みれば、非暴力が暴力を減らす触媒効果をもったことは間違いない。しかし、その一方で、アメリカでは現在、さまざまなヘイトクライムが年間六千件以上も起きている。そのうち三分の一近くを占めるのが、黒人をターゲットにした犯罪であるという(FBI、二〇一六年度報告)。人種問題が過去のものではない端的な証拠である。

七〇年代以降、黒人の政治への参加が進んだ。いまや黒人市長も珍しくなく、下院を中心に連邦議員の数も増えている。バラク・オバマの大統領当選も含め、これは六五年公民権法の意義深い成果であろう。しかし、手放しには喜べない。州知事や上院議員など、選挙区が大きくなれば、黒人政治家といえども、多様な階層、人種・エスニシティ、性差、宗教の人々の利益を代表しなければならない。ラティーノやアジア系の移民をはじめ、アメリカ全体で人種の多様化が進むなか、これは当選のための必須条件である。このことは、黒人政治家が掲げる政策も中産階級志向になりやすいことを意味する。黒人政治家の数的増加が人種格差を伴う貧困解決の政策に結び付くとは必ずしもいえない現実がある。

黒人の中産階級が増え、黒人の三割以上はいまや郊外に住む。これは、六四年公民権法と七〇年代に定着する雇用と入学における社会的マイノリティに対する「アファーマティブ・アクション(積極的是正措置。AA)」、そして六八年公民権法(公正住宅法)の成果である。反面、インナーシティに取り残された黒人を中心とする貧困層の社会的孤立は著しい。経済のグローバル化に伴う産業構造の変化と製造業の移転と相まって、地区によっては四割が貧困ライン以下となり、若者の失業率も三割を超える。それが、犯罪や麻薬売買、婚外子出産、シングルマザー、福祉依存を生んでいる。

そもそも、ニクソン政権が定着させたアファーマティブ・アクション（ＡＡ）は、貧困の解決を意図する是正措置ではなかった。企業や教育現場に「優先枠」を課す一見大胆な差別是正措置にみえるが、そうではない。なぜなら、連邦政府はＡＡ実施に何十億ドルもの税金を投入する必要がないからである。ＡＡとは、ジョンソン政権の「貧困との戦い」に終止符を打ち、中産階級になりうる社会的マイノリティに「補償」を講じる「安価な代替措置」だったのである。

八〇年代から強化された「麻薬との戦争」では、インナーシティが集中的に取り締まられてきた（レイシャル・プロファイリング）。その結果、今日、黒人若者が監獄収容者全体の四割に達するという、著しい人種的不均衡を生んでいる。この過程において、黒人に対する白人警官の発砲を伴う過剰な取り締まりは、後を絶たない。さらに、九六年の福祉改革は、福祉受給者を社会の「荷物」とみなし、それまでの「要扶養児童家族扶助」を廃止し、就労を促進または義務付け、受給資格を生涯五年に制限する「貧困家族一時扶助」に置き換えた。その結果、六〇年代後半に「全米福祉権団体」が目指していた福祉権は一層後退した。

ワシントン行進五〇周年

結局のところ、レーガン政権が定着させた「小さな政府」路線は、経済のグローバル化を促進し、冷戦終結後は「テロとの戦い」を名目に、アメリカ型資本主義とアメリカ経済の軍事依存体質に対する根本的な吟味のないまま、むしろそれらを強化しながら、共和党ブッシュ政権、中道派の民主党クリントン政権、そして共和党ジョージ・W・ブッシュ政権へと受け継がれてきたのである。民主党オバマ政権においては、医療保険制度改革や国際協調主義など、社会的弱者に目を向け多国間の対話を重視する姿勢が生まれたが、共和党トランプ政権は大統領自身がアメリカ第一主義と人種偏見の発言を繰り返すなか、この流れを逆行させようとしている。

その結果、人種格差を伴う貧富の差は世界の動きと連動しながら拡大し続けている。今日、アメリカでは、トップ一%の超富裕層がアメリカの総資産の三九%を所有する(二〇一六年)。下位九〇%の人々が、わずか二三%を分け合う状態である。貧困ライン以下の人々は四一〇〇万人にのぼる。黒人の貧困率は二二%で、白人の二倍以上という相対的格差は六〇年代と変わらない。アメリカの貧富(税込所得)の差は、大恐慌前の状態に戻りつつあるといわれる。いったい、アメリカはキングの「夢」にどれだけ近づいただろう。晩年のキングが重視した貧困根絶の取組みにおいては、むしろ遠ざかっているのである。

二〇一一年八月、首都ワシントンのナショナル・モールにキング牧師記念碑が誕生した。記念碑の周りを囲む「碑文の壁」には、キングが発した一四の言葉が刻まれている。国民統合の象徴を担うようになったキング牧師記念碑の前に立ち、それらの言葉を読むとき、「公的記憶としてのキング」を想起するか、晩年のキングを想起するか、それ以外の何を想起するか、それは私たち一人ひとりの意志にかかっている。

キング牧師記念碑を見上げるオバマ大統領一家．2011 年

二〇一三年八月二八日、数千から数万人が参加するなか、ワシントン行進の五〇周年記念式典がリンカーン記念堂前で行われた。登壇者の顔ぶれは、人種・エスニシティ、宗教、性差をはじめ、多様性を増す現在のアメリカを反映していた。しかし、それ以上に重要だったことは、そこで何が語られたかである。それは、六三年にキングが語った「夢」ではなく、六八年にキングが示して見せたヴィジョンであった。キングの同志だったアンドリュー・ヤングは「貧困のことを言うため、私はここに来た」と語り、同じくジョン・ルイスは、オバマの大統領当選はキングの夢の成就ではないと強調した。これに対し、式典に列席したオ

バマ大統領は、六三年夏のワシントン行進の目標の一つは「仕事(Jobs)」であったと適切にも注意を喚起し、経済格差の解消に取り組む必要を説いたのである。

それ以外の登壇者のなかでは、友和会(FOR)の代表は、「三つ組みの悪」の克服に向けて、キングの非暴力の遺産を受け継ごうと語り、登壇者のうち最年長となったキングの姉クリスティンは、いかなる場面でも非暴力を実践することが、弟に対する最大の追悼になると述べた。

このように、晩年のキングの生き方とメッセージを受け継ぎ、行動しようとする人々は確かにいるのである。それは、アメリカにとって、そして人類にとって、希望である。

読書案内

まず、キングの著作の翻訳を読んでほしい。『自由への大いなる歩み』(雪山慶正訳、岩波新書、一九五九年、二〇〇二年改版)、『黒人はなぜ待てないか』(中島和子・古川博巳訳、みすず書房、一九六六年、二〇〇〇年新装版)、『汝の敵を愛せよ』(蓮見博昭訳、新教出版社、一九六五年)、『黒人の進む道』(猿谷要訳、サイマル出版会、一九六八年/明石書店、一九九九年)、そして『良心のトランペット』(中島和子訳、みすず書房、一九六八年、二〇〇〇年新装版)がある。

クレイボーン・カーソン編『マーティン・ルーサー・キング自伝』(梶原寿訳、日本基督教団出版局、二〇〇一年)も良い。スタンフォード大学で進行中の『キング著作集(*The Papers of Martin Luther King, Jr.*)』(全一四巻の予定で現在六巻刊行)の編者クレイボーン・カーソンが、キングならどのような「自伝」を書くかを想定し、すべてキングの言葉を使用し一般読者向けにまとめたものである。キングの生涯と思想の全体像を伝える役目を十分果たしている。この他、キングの演説・説教集には、クレイボーン・カーソン、ピーター・ホロラン編『真夜中に戸をたたく』(梶原寿訳、日本キリスト教団出版局、二〇〇七年)とクレイボーン・カーソン、クリス・シェパード編『私には夢がある』(梶原寿監訳、新教出版社、二〇〇三年)がある。これらにはオーディオ版もあり、キングの肉声と黒人説教スタイルを体験したい人にはおすすめしたい。

梶原寿『マーティン＝L＝キング』（清水書院、一九九一年、二〇一六年新装版）と『み足の跡をしたいて』（新教新書、二〇〇〇年）は、キングの生涯を黒人キリスト教信仰の文脈で理解する助けになる。辻内鏡人・中條献『キング牧師』（岩波ジュニア新書、一九九三年）は中高生向けだが、キングの生涯の全体像を知るための好著である。マーシャル・フレイディ『マーティン・ルーサー・キング』（福田敬子訳、岩波書店、二〇〇四年）は、ジャーナリストが書いており、キングの人間的側面にも触れ面白い。キングとマルコムXの比較なら、上坂昇『キング牧師とマルコムX』（講談社現代新書、一九九四年）、またジェイムズ・H・コーン『夢か悪夢か・キング牧師とマルコムX』（梶原寿訳、日本基督教団出版局、一九九六年）が参考になるだろう。

通史的概説書も読むと背景がわかる。本田創造『アメリカ黒人の歴史』（岩波新書、一九九一年新版）は定評がある。上杉忍『アメリカ黒人の歴史』（中公新書、二〇一三年）は、一九九〇年以降も扱い、併せて読みたい。パップ・ンディアイ『アメリカ黒人の歴史』（明石紀雄監修、遠藤ゆかり訳、創元社、二〇一〇年）は、写真やイラストが豊富で理解が深まる。山田史郎『アメリカ史のなかの人種』（山川出版社、二〇〇六年）は、「人種」からアメリカ史を俯瞰できる。

川島正樹『アメリカ市民権運動の歴史』（名古屋大学出版会、二〇〇八年）は、ローカルな運動と全国的な運動を射程に入れて論じる。中島和子『黒人の政治参加と第三世紀アメリカの出発』

(中央大学出版部、一九八九年/みすず書房、二〇一一年)は、黒人とキリスト教との関係、公民権法立法化の過程、非暴力と自衛の比較などを扱う名著である。拙著『アメリカ黒人とキリスト教』(神田外語大学出版局、二〇一五年)は、黒人社会における黒人教会の役割を多角的に捉える。

油井大三郎編『越境する一九六〇年代』(彩流社、二〇一二年)に収録の藤永康政「「公民権物語」の限界と長い公民権運動論」は、キングの北部との関わりを指摘し、また「非暴力の公民権運動」対「暴力肯定のブラック・パワー運動」という二項対立的捉え方の誤りに気づかせてくれる。同書収録の土屋和代「アメリカの福祉権運動と人種、階級、ジェンダー」は、「全米福祉権団体」の活動を追う中で、この団体とキングとの接点を指摘している。

北美幸『公民権運動の歩兵たち』(彩流社、二〇一六年)は、六五年夏のSCOPEによる有権者登録活動を伝える貴重な文献である。アロン・ヘンリィ、コンスタンス・カリー『アメリカ公民権の炎』(樋口映美訳、彩流社、二〇一四年)は、ローカルな現場の主役は現地住民であったことを教えてくれる。トマス・J・スグルー『アメリカの都市危機と「アンダークラス」』(川島正樹訳、明石書店、二〇〇二年)は、ゲットー生成の起源を一九四〇、五〇年代に求め、その過程を明らかにする。武井寛「変容する黒人コミュニティと住宅をめぐる闘争」(博士論文、一橋大学、二〇一三年)は、シカゴの構造的人種差別の歴史を住宅問題から解き明かす。

ウィリアム・J・ウィルソンの二書、『アメリカのアンダークラス』(青木秀男監訳、平川茂・

牛草英晴訳、明石書店、一九九九年）と『アメリカ大都市の貧困と差別』（川島正樹・竹本友子訳、明石書店、一九九九年）は、インナーシティの現状を分析するもので、これらを読めば、貧困根絶というキングの夢が未完であることがよくわかる。

大類久恵「公的歴史としての「M・L・キング」」（『史境』第四四号、二〇〇二年）、拙稿「米国におけるキング牧師連邦祝日制定と非暴力という遺産」（『神田外語大学紀要』第二一号、二〇〇九年）、拙稿「記憶の政治学」（『神田外語大学紀要』第二二号、二〇一〇年）は、「無害化されたキング像」の生成と再生産の過程を具体的に知りたい方におすすめしたい。

大森一輝『アフリカ系アメリカ人という困難』（彩流社、二〇一四年）は、黒人保守派が白人保守派と同様に歪曲されたキング像を捏造している点を鋭く指摘する。川島正樹『アファーマティヴ・アクションの行方』（名古屋大学出版会、二〇一四年）と安井倫子『語られなかったアメリカ市民権運動史』（大阪大学出版会、二〇一六年）は、ニクソン政権が定着させたアファーマティブ・アクションを、「貧困との戦い」を廃止する「安価な代替措置」であると批判的に検討する。兼子歩・貴堂嘉之編『「ヘイト」の時代のアメリカ史』（彩流社、二〇一七年）は、トランプ政権誕生に象徴されるアメリカでの「ヘイト（憎悪）」の表出を歴史的視点と共に考察し、キングの遺産を今日どう生かせるのかを考える実践的素材を与えてくれる。

インターネットで“The Martin Luther King, Jr. Center for Nonviolent Social Change”と検索す

ると、アトランタの「キング・センター」のサイトに行き、キングに関する基本情報と関連情報を知ることができる。"The Martin Luther King, Jr. Research and Education Institute"と検索すると『キング著作集』のサイトに行き、キングの年譜、関連用語集、史資料など様々な情報が得られる。YouTubeで"Martin Luther King, Jr. full speech"と検索すると、キングの演説や説教を視聴できる。アメリカの公共放送PBSは"Eyes on the Prize: America's Civil Rights Movement"というドキュメンタリーを製作した(八五年と八八年)。YouTubeで「勝利を見すえて　公民権運動」と検索すると、そのいくつかを日本語吹き替えで視聴できる。

映画も紹介しよう。アラン・パーカー監督『ミシシッピー・バーニング』(*Mississippi Burning*, 一九八八年)、リチャード・ピアース監督『ロング・ウォーク・ホーム』(*The Long Walk Home*, 一九九〇年)、スパイク・リー監督『マルコムX』(*Malcolm X*, 一九九二年)、マリオ・ヴァン・ピーブルズ監督『パンサー』(*Panther*, 一九九五年)、ロブ・ライナー監督『ゴースト・オブ・ミシシッピー』(*Ghosts of Mississippi*, 一九九六年)、テイト・テイラー監督『ヘルプ／心がつなぐストーリー』(*The Help*, 二〇一一年)、リー・ダニエルズ監督『大統領の執事の涙』(*Lee Daniel's The Butler*, 二〇一三年)、エイヴァ・デュヴァーネイ監督『グローリー／明日への行進』(*Selma*, 二〇一四年)、キャスリン・ビグロー監督『デトロイト』(*Detroit*, 二〇一七年)などを観ておきたい。

キング略年譜

一九二九年　1月15日、ジョージア州アトランタに誕生
一九四四年（一五歳）　モアハウス・カレッジ入学
一九四八年（一九歳）　牧師になる。クローザー神学校に入学
一九五一年（二二歳）　ボストン大学神学部大学院に進学
一九五三年（二四歳）　コレッタ・スコットと結婚
一九五四年（二五歳）　9月モンゴメリーのデクスター教会牧師に就任
一九五五年（二六歳）　8月エメット・ティル事件。12月1日ローザ・パークス逮捕。5日バスボイコット運動開始、指導者に選ばれる
一九五六年（二七歳）　2月バスの人種隔離を違憲として提訴。6月連邦地裁が違憲判決。11月連邦最高裁が違憲判決。12月20日連邦最高裁の統合実施命令が届く
一九五七年（二八歳）　1月SCLC創設、議長に選ばれる。9月リトルロック高校事件
一九五八年（二九歳）　9月『自由への大いなる歩み』出版。精神錯乱状態の黒人女性に刺される
一九五九年（三〇歳）　2-3月インド訪問。10月ロバート・ウィリアムズの武装自衛論に反論
一九六〇年（三一歳）　2月シット・イン運動開始。4月SNCC結成
一九六一年（三二歳）　5月フリーダム・ライド開始

一九六二年(三三歳) 7-8月オールバニーで苦杯を嘗める
一九六三年(三四歳) 4月バーミンガムで人種差別撤廃運動開始。「バーミンガムの獄中からの手紙」執筆。5月市当局がデモ隊を襲う。6月ケネディ大統領が公民権法案提出を発表。8月28日ワシントン行進、「私には夢がある」演説。9月16番通りバプテスト教会爆破。11月ケネディ暗殺
一九六四年(三五歳) 6月『黒人はなぜ待てないか』出版。7月六四年公民権法成立。6-8月COFOがフリーダム・サマー実施。北部大都市で人種暴動(「長い暑い夏」始まる)。12月ノーベル平和賞受賞、「三つ組みの悪」の克服を説く。FBIがキング監視を強化
一九六五年(三六歳) 2月マルコムX暗殺。3月セルマ「血の日曜日」。8月六五年投票権法成立。ワッツ暴動
一九六六年(三七歳) 1月シカゴ自由運動開始。6月カーマイケルが「ブラック・パワー」を主張。8月シカゴ「頂上合意」成立
一九六七年(三八歳) 4月ニューヨークで「ベトナムを越えて」演説。6月『黒人の進む道』出版。7月デトロイト暴動。12月「貧者の行進」計画を発表
一九六八年(三九歳) 3月メンフィスで黒人清掃労働者のストライキを支援。28日デモ行進中に暴力発生。4月3日「私は山頂に登ってきた」演説。4日銃撃を受け死亡。全米各地で暴動発生。9日葬儀。11日六八年公民権法成立。5-6月「貧者の行進」実施。11月ニクソンが大統領当選
一九七九年 下院暗殺調査特別委員会がキング暗殺の共謀性を指摘
一九八三年 キング国民祝日制定
二〇一一年 首都ワシントンにキング牧師記念碑設置

写真出典

An Easy Burden, Andrew Young, Harper Collins, 1996; *At Canaan's Edge*, Taylor Branch, Simon & Schuster, 2006; *Burial for A King*, Rebecca Burns, Scribner, 2011; *Civil Rights Chronicle*, Publications International, 2003; *Going Down Jericho Road*, Michael K. Honey, W. W. Norton, 2007; *In Struggle*, Clayborne Carson, Harvard University Press, 1995; *Many Minds One Heart*, Wesley C. Hogan, The University of North Carolina Press, 2007; *Pillar of Fire*, Taylor Branch, Touchstone, 1998; *The Martin Luther King, Jr., Encyclopedia*, Greenwood Press, 2008; *The Papers of Martin Luther King, Jr., vol.I, II, III, IV, V*, University of California Press; *Walking with the Wind*, John Lewis with Michael D'Orso, Simon & Schuster, 1998; *We Shall Overcome*, Herb Boyd, Sourcebooks, 2004; *100 Photographs: the Most Influential Images of All Time*, TIME, 2016（©David Jackson 1955/TIME）; Gettyimages（第 3 章扉，第 4 章扉，p. 144, p. 205）

おわりに　旅を受け継ぐ

キング国民祝日に際し、晩年のキングを忘れてはならないと書いた。しかし、忘れてはならないことがもう一つある。黒人自由運動の主人公は、無名の民衆一人ひとりであったと想起することである。それは、キング一人が大衆運動を指導したかのような「キングの偶像化」に陥らないためにも必要なことであろう。

キングは、黒人大衆の熱望を、そして貧者の渇望を、人種や階級の異なる様々な聴衆に的確に伝える弁舌と能力を備えていた。また、非暴力を生き方にまで高め、それを貫いた。これらの点で、キングはまことに稀有な存在である。

しかし、同時にキングは「普通の人」でもあった。ユーモアのセンスがあり、仲間内では冗談を言い、物まねをしてみせた。南部黒人の伝統的料理、いわゆるソウル・フードが好きだった。当時のジェンダー規範を受け入れ、男性中心主義的だった。留守が多かったが、家族を大切に思い、妻コレッタを愛し、子どもたちが大好きだった。同時に、女性関係という矛盾もかかえていた。後年になって、キングの博士論文の一部には、剽窃(＝出典を明記せず他の論文や成果を引用すること)があったことも発覚した。何よりもキングが普通の人だったことは、本書で描いたように、彼自身もまた悪戦苦闘した事実によって明らかである。

キングを人間的弱点のある普通の人とみなすことは、「三つ組みの悪」の克服と非暴力に命をかけたキングに対する評価を減じることにはならない。むしろそれは、様々な人間的弱点を抱える私たち一人ひとりもまた、キングの未完の夢と非暴力の遺産を受け継ぎながら、自ら行動を起こすことができるのだという希望と勇気を、私たちにもたらしてくれるのである。


二〇一八年はキングの暗殺から五〇年になる。この節目の年に向け、本書の企画をいただけたことは、大変光栄で望外の幸せであった。そして、企画段階で「非暴力」に焦点を当てることになった。「キング牧師」と「非暴力」はセットフレーズのようになっている。それが、かえって非暴力に対する理解を妨げているのではないか、という問題意識からである。キングの非暴力の理念はそれなりに知られているので、本書ではむしろその実践面を描くことを心がけた。非暴力は「無抵抗」ではないこと、固有の戦術的メカニズムがあること、勇気と訓練を要すること、その成否は集団的努力にかかっていることなどを、キングの実践に即して描くことを試みた。

日本ではキングに関する評伝は久しく書かれていないが、その間にキングや黒人自由運動に関する研究は、新たな知見と共に膨大な量が生み出されている。研究成果すべてにあたることは筆者の力量を超えるが、本書には新たな知見のいくつかを取り入れている。「三つ組みの悪」に対するキングの認識はすでに大学院時代にできあがっていたこと、晩年のキングにむしろ焦点を当てる必要があること、公民権運動における非暴力を自衛との関係で捉え直すこと、公民権運動とブラック・パワー運動の連続性に着目すること、両者の運動を冷戦構造に位置づけて理解すること、などである。目的がどの程度達成されたかについては、読者の皆様からのご批判を待ちたい。なお、本書でキングの言葉や演説を引用する際には、「読書案内」で紹介した訳書を原則として使用し、本文の文脈に合わせて若干の変更を加えさせていただいた。

新書という性格をふまえ記載はかなわなかったが、本書の執筆に際しては、数多くの一次文献と二次文献にあたっている。それらがなければ、本書もない。この場を借りて、貴重な研究成果を生み出してこられた研究者の方々に深く感謝申し上げたい。しかし、いうまでもなく、本書に書いた内容と解釈のすべての責任は筆者にある。

勤務校で教育以外の仕事が年々増えるなか、原稿執筆の時間を確保するためには、家族との時間、子どもたちとの時間を大幅に削らなければならなかった。この状況を理解し、むしろ励ましてくれた家族に心から感謝したい。

本書は、岩波新書編集長の永沼浩一氏なくして生まれることはなかった。企画から原稿執筆、校正から出版に至るまで、あらゆる局面でお世話になり、読者の目線で数えきれないほどの貴重なご助言をいただいた。ここに厚く御礼申し上げたい。

二〇一八年三月

黒崎　真

黒﨑 真
1971年生まれ．2003年筑波大学大学院博士課程歴史・人類学研究科修了，同年より神田外語大学外国語学部英米語学科講師を経て
現在—神田外語大学外国語学部英米語学科教授
専攻—米国史，米国黒人史
著書—『アメリカ黒人とキリスト教——葛藤の歴史とスピリチュアリティの諸相』(神田外語大学出版局，2015)，『アメリカのエスニシティ——人種的融和を目指す多民族国家』共訳(明石書店，2013)，『グローカリゼーション——国際社会の新潮流』共著(神田外語大学出版局，2009)，『21世紀アメリカ社会を知るための67章』共著(明石書店，2002)

マーティン・ルーサー・キング
——非暴力の闘士　　岩波新書(新赤版)1711

2018年3月20日　第1刷発行

著　者　黒《くろ》﨑《さき》 真《まこと》

発行者　岡本 厚

発行所　株式会社 岩波書店
〒101-8002 東京都千代田区一ツ橋2-5-5
案内 03-5210-4000　営業部 03-5210-4111
http://www.iwanami.co.jp/

新書編集部 03-5210-4054
http://www.iwanamishinsho.com/

印刷・理想社　カバー・半七印刷　製本・中永製本

ISBN 978-4-00-431711-1　　Printed in Japan

岩波新書新赤版一〇〇〇点に際して

ひとつの時代が終わったと言われて久しい。だが、その先にいかなる時代を展望するのか、私たちはその輪郭すら描きえていない。二〇世紀から持ち越した課題の多くは、未だ解決の緒を見つけることのできないままであり、二一世紀が新たに招きよせた問題も少なくない。グローバル資本主義の浸透、憎悪の連鎖、暴力の応酬——世界は混沌として深い不安の只中にある。

現代社会においては変化が常態となり、速さと新しさに絶対的な価値が与えられた。消費社会の深化と情報技術の革命は、種々の境界を無くし、人々の生活やコミュニケーションの様式を根底から変容させてきた。ライフスタイルは多様化し、一面では個人の生き方をそれぞれが選びとる時代が始まっている。同時に、新たな格差が生まれ、様々な次元での亀裂や分断が深まっている。社会や歴史に対する意識が揺らぎ、普遍的な理念に対する根本的な懐疑や、現実を変えることへの無力感がひそかに根を張りつつある。そして生きることに誰もが困難を覚える時代が到来している。

しかし、日常生活のそれぞれの場で、自由と民主主義を獲得し実践することを通じて、私たち自身がそうした閉塞を乗り超え、希望の時代の幕開けを告げてゆくことは不可能ではあるまい。そのために、いま求められていること——それは、個と個の間で開かれた対話を積み重ねながら、人間らしく生きることの条件について一人ひとりが粘り強く思考することではないか。その営みの糧となるものが、教養に外ならないと私たちは考える。歴史とは何か、よく生きるとはいかなることか、世界そして人間はどこへ向かうべきなのか——こうした根源的な問いとの格闘が、文化と知の厚みを作り出し、個人と社会を支える基盤としての教養となった。まさにそのような教養への道案内こそ、岩波新書が創刊以来、追求してきたことである。

岩波新書は、日中戦争下の一九三八年一一月に赤版として創刊された。創刊の辞は、道義の精神に則らない日本の行動を憂慮し、批判的精神と良心的行動の欠如を戒めつつ、現代人の現代的教養を刊行の目的とする、と謳っている。以後、青版、黄版、新赤版と装いを改めながら、合計二五〇〇点余りを世に問うてきた。そして、いままた新赤版が一〇〇〇点を迎えたのを機に、人間の理性と良心への信頼を再確認し、それに裏打ちされた文化を培っていく決意を込めて、新しい装丁のもとに再出発したいと思う。一冊一冊から吹き出す新風が一人でも多くの読者の許に届くこと、そして希望ある時代への想像力を豊かにかき立てることを切に願う。

（二〇〇六年四月）